ARCHITEKTUR IN
FREIBURG

D1620819

Markus Löffelhardt

ARCHITEKTUR IN FREIBURG

Stadtführer zeitgenössischer
Architektur ab 1990

modo

In welcher Epoche auch immer: Die Freiburgerinnen und Freiburger waren und sind stolz auf ihre besondere Baukultur und Qualität der urbanen Architektur. Aus nahezu jeder wichtigen Epoche der Stadtgeschichte haben bemerkenswerte baugeschichtliche Zeugnisse die Zerstörungen des 27. Novembers überlebt: An erster Stelle das Münster, ebenso das Alte Rathaus, das „Haus zum Walfisch" oder der Basler Hof und das Kaufhaus am Münsterplatz, sowie aus den so genannten „Gründerjahren" Ende des 19. und Anfang des 20. Jahrhunderts die Universität, das Theater, die Gewerbeschule in der Kirchstraße oder die großen Villenviertel Herdern und Wiehre.

Sie sind Belege dafür, dass in Freiburg seit je mit einem ausgeprägten Bewusstsein für gestalterische Qualität und mit besonderer Rücksicht auf das Stadtbild gebaut worden ist. Ein besonderes Freiburger Moment kommt hinzu. Es ist die über mehr als fünfhundert Jahre gewachsene Nähe zwischen Stadt und Wissenschaft. Die Universität bestimmt Leben, Vitalität und Offenheit der Stadt – und in gleicher Weise prägt sie auch das städtebauliche Gesicht. Rathaus und Universität sind vertraute Nachbarn, und am Platz der Alten Synagoge, dem Kreuzungspunkt zwischen der „Kulturmeile" und der „Wissenschaftsmeile", stehen sich das Theater als Symbol städtischen Selbstbewusstseins und die Kollegiengebäude mit der Universitätsbibliothek als Orte der Forschung und Lehre gegenüber.

Die Tradition des qualitätsvollen Bauens setzt sich bis in die Gegenwart fort. Eine Reihe hochrangiger Auszeichnungen und erster Plätze in Wettbewerben belegt eindrucksvoll den hohen Stellenwert von Architektur und Städtebau, sichtbar in herausragender Gestaltung und Formensprache, die in den letzten Jahrzehnten mit einer eigenen, modernen Handschrift Zeichen im Stadtbild und Kontrapunkte gegenüber dem historisch

Gewachsenen gesetzt hat. Sie haben auch über die Stadtgrenzen hinaus Anerkennung gefunden – oder auch kontroverse Diskussionen ausgelöst. Gerade die Spannung zwischen Konvention und Avantgarde mit allen Widersprüchen und Brüchen bis hin zu ästhetischen Provokationen ist es, die das heutige Gesicht der Stadt so phantasievoll, einmalig und interessant macht.

In der Freiburg-Literatur nimmt dieses Buch einen besonderen Rang ein, indem es eine Brücke schlägt zwischen alter und neuer Stadtgestaltung. Ich danke allen, die diese informative und interessante Neuauflage des Architekturführers möglich gemacht haben.

Dr. Dieter Salomon
Oberbürgermeister

Freiburg – quo vadis?

Freiburg ist eine angesehene Stadt, deren Ausstrahlung weit über die Landesgrenzen hinausgeht. Die Baukultur, das Planen und Bauen genießen dabei seit Jahrzehnten einen sehr hohen Stellenwert – es hat Tradition – und hat somit zu dem positiven Image dieser Stadt und der Region maßgeblich beigetragen. Städtebaulich zukunftsweisende Konzepte wurden seit den Zerstörungen des Krieges entwickelt; dabei vermieden es die Planer immer, Modetrends zu folgen. Vielmehr wurden eigene, richtungsweisende Ideen umgesetzt, die dann von anderen Städten für ihre eigenen Entwicklungen aufgegriffen wurden bzw. als Vorlage dienten.

Die Verzahnung des Planens mit der Entwicklung qualitätvoller Projekte ist dabei bis heute der wesentliche Schlüssel des sichtbaren Erfolges. Dabei tragen die Architektenkammer und der BDA mit ihrem engagierten Einsatz und ihren Forderungen nach Wettbewerben maßgeblich dazu bei, das Bild der Stadt unverwechselbar zu gestalten. Die Bauämter – insbesondere das Universitätsbauamt und das Erzbischöfliche Bauamt – sind weitere Säulen im Bemühen, Bauqualitäten zu garantieren.

Quo vadis Freiburg? Waren die 90er Jahre maßgeblich geprägt vom Bau der beiden neuen Stadtteile „Rieselfeld" und „Vauban", unter Einbindung starker ökologischer Parameter – so wird sich die weitere Entwicklung der Stadt in den kommenden Jahren verstärkt an der Innenentwicklung unter Berücksichtigung der vorhandenen Infrastruktur und deren Auslastung orientieren. Der neue Flächennutzungsplan 2020 setzt dafür die neuen Leitziele.

Leitbilder wie „Stadtentwicklung entlang des ÖPNV" sowie „Stadt der kurzen Wege", bzw. „Stadt der Stadtteile", gilt es in ihrer Kontinuität weiter zu qualifizieren und mit Leben zu erfüllen. Eine der künftigen planerischen Hauptaufgaben wird die Umsetzung der

6

Neugestaltung des Rotteck-/Werderrings sein. Richtungsweisende, qualifizierte städtebauliche Konzepte zur Gestaltung dieser „Stadtfuge" zwischen Historischer Altstadt und dem Quartier bis zum Hauptbahnhof wären in der Lage, dieser Stadt völlig neue Impulse zu geben. In ihrer Planungsqualität könnte sich Freiburg mit dieser wichtigen innerstädtischen Maßnahme von anderen Städten weit abheben und die eigene Identität weiter ausbauen. Dem ersten Planungsabschnitt zwischen Universität und Theater – der kulturellen Mitte – kommt dabei eine besondere Bedeutung zu.

Freiburg liegt in einer Zuzugsregion. Unter der Zielsetzung, die Innenentwicklung stärker als bisher anzugehen, erhält der Wohnungsbau eine noch größere Bedeutung. Gerade in Zeiten „knapper Kassen" eröffnet sich hier für die Stadt die Chance, richtungsweisende, ökologisch ausgerichtete Wohnungsbaukonzepte in angemessener Dichte, hoher Flexibilität zu tragbaren Kosten zu entwickeln.

Die Stadt und die Region haben die Potenziale, ganz neue Wege zu gehen und modellhafte Projekte auf den Weg zu bringen. Dafür bedarf es der Bereitschaft aller Beteiligten, die in den Planungs- und Bauprozess eingebunden sind. Eine Schlüsselrolle fiele dabei zweifelsfrei den Freiburger Wohnungsbaugesellschaften und der Freiburger Stadtbau zu.

Quo vadis Freiburg? – Wir werden sehen, ob dies gelingen wird!

Wulf Daseking
Oberbaudirektor
Leiter des Stadtplanungsamtes

Vorwort

Freiburg im Trend?

Nicht nur als Ökohauptstadt, obgleich diese Sicht auf die Stadt im Südwesten der Republik mittlerweile ziemlich bestimmend geworden ist. Erneut können in diesem Band Innovationsbauten vorgestellt werden, denen Freiburg seinen Spitzenplatz in Sachen Solarenergie und umweltbewusstem Bauen verdankt: Freiburg, die grüne Solarstadt.

Darüber hinaus aber auch eine Stadt in der man einfach gerne hängen bleibt. Wer einmal da gewesen ist, lernt sie schätzen, die Münsterturm-Metropole im Breisgau. Überschaubare, gemütlich-mittelalterliche Stadtstruktur, eingebettet in wundervolle Landschaften: Freiburg, die alte Schwarzwaldstadt.
Dazu das studentische Flair: Freiburg, die Wissenschaftsstadt, die im Hochschulranking derzeit auf den Favoritenplätzen rangiert. Aus der Umgebung dann ein gutes Glas Wein: Freiburg, die Weinstadt.
Noch Wünsche offen?

Freiburg, als Architekturstadt? Ja und nein, wenngleich hier deutlich mehr Bauten über Wettbewerbsverfahren entstehen als anderswo und vierzehn städtebauliche Preise, die Freiburg gewann, sprechen auch für sich. Doch die architektonische Gestaltung selbst realisiert sich hier weniger im Spektakulären, als vielmehr in qualitätsvoller Zurückhaltung. Der unlängst zugunsten eines spektakulären Entwurfs entschiedene Wettbewerb um die Neugestaltung der Universitätsbibliothek könnte allerdings auch hier neue Freiheiten eröffnen.
Aus der Beliebtheit als Wohn- und Studienort gewann Freiburg in den vergangenen Jahren ein Profil, das ganz und gar nicht zum allgemeinen Trend passen will. Während allerorts, verschärft natürlich in den neuen Bundesländern, beim Thema Städtebau nur noch über

die Möglichkeiten eines sinnvollen, wirtschaftlich und sozial verantwortlichen Rückbaus überflüssig gewordener Kapazitäten im Wohnungs-, Büro- und Gewerbesektor diskutiert wird, wachsen in Freiburg riesige neue Stadtquartiere empor. Ein Umstand, der ungewohnte Touristenströme in die Stadt lenkt. Will man Beispiele neuesten Städtebaus studieren, reist man nach Freiburg. Die Namen „Rieselfeld" und „Vauban" – längst mehr als Geheimtipps für Stadtplaner und Architekten. Und das nicht nur der städtebaulichen, solar- und umwelttechnischen Aspekte wegen, sondern auch wegen spannender gesellschaftlicher Wandlungsprozesse, die sich in der hier geborenen Baugruppenbewegung manifestieren: Freiburg, die Baugruppenstadt. Hinsichtlich der Umweltinnovationen und der Baugruppen also eine weithin bekannte Architekturstadt.

Neben den Neubaugebieten beginnt sich auch die Altstadt wieder einmal zu strecken, sucht Anschluss an Stadtgebiete neueren Datums im Westen. Um Hauptbahnhof und Konzerthaus entsteht ein neuer städtischer Boulevard, der den intensiveren Anschluss an die alte Kernstadt sucht. Der immer als klare städtebauliche Zäsur und Grenze der alten Kernstadt empfundene Rotteckring wird derzeit überplant, auch um einen fließenderen Übergang nach Westen zu erreichen. Der Neugestaltung des Platzes der Alten Synagoge, Flächen, denen man bisher kaum Überzeugendes abgewinnen konnte, kommt dabei zentrale Bedeutung zu. Ein weiteres Großprojekt ist der im Nordwesten Freiburgs gelegene Universitätscampus, der mit den Gebäuden für die Fakultät der angewandten Wissenschaften einen Auftakt für die großangelegten Erweiterungsplanungen des universitären Baubestandes darstellt. Ergänzt wird die in diesem Buch vorgestellte universitäre Bautätigkeit in den Bereichen Klinikum, Biologie, Institutsviertel und im Bereich Sanierungstätigkeit im Zentrum.

Gerade rechtzeitig zur Neuauflage dieses Buches ist nun auch die Bebauung des alten Messplatzes fertiggestellt – ein Bauvorhaben, dass die Gemüter erhitzte, galt es doch dem alten Stadtgefüge nicht nur Wohnbebauung, sondern auch einen Großmarkt zu implantieren. Ein Planungsziel, das nicht ganz einfach zu vermitteln war.

Schließlich entstanden über das gesamte Stadtgebiet verteilt und auch in der Umgebung Freiburgs wieder viele interessante Einzelprojekte, die den Anschluss an überregionale Standards finden und immer einen Ausflug lohnen.

An dieser Stelle möchte ich mich bei all denen bedanken, die mitgeholfen haben, diese Publikation zu realisieren. An erster Stelle beim Vorsitzenden der Architektenkammer Südbaden, Herrn Reg. Baumeister Dipl. Ing. Eckhard Bull, bei den Vertretern des BDA, des Freiburger Architekturforums, den einzelen Architekturbüros und Bauämtern und den vielen Anderen, die mit wertvollem Rat und viel Engagement zum Gelingen dieses Projektes beigetragen haben. Dazu gehört auch Herr Weber, der Verleger des Buches, der viel Geduld aufgebracht hat und mit wertvollem Sachwissen zum Gelingen beigetragen hat.

Rückschauend kann gesagt werden, dass der Band durch die vielen helfenden Hände nicht nur im Umfang, sondern auch inhaltlich deutlich gewinnen konnte.

Dank sei an dieser Stelle auch den vielen Fotografen gesagt, die Ihr Fotomaterial kostenlos zur Verfügung gestellt haben.

Markus Löffelhardt

Solar-Fabrik AG
Munzinger Straße 10

Architekturbüro:
rolf + hotz
mit K. Sinnwell,
M. Zimmermann
Beteiligt:
Amann & Burdenski

Bauherr:
Bauherrengemeinschaft
Solar-Fabrik AG

1998

1

Eine Fassade wird zum Ausdruck funktionalen Programms: Die Glasfassade öffnet sich großflächig und streng ausgerichtet: nach Süden, zur Sonne, zur (energetischen) Freiheit?

Mit der Solarfabrik wurde erstmals das Ideal einer Produktionsstätte erreicht, die ihren Energiebedarf CO_2-neutral vollkommen aus regenerativen Energiequellen deckt. Ein System aus Solarmodulen, Rapsöl-Blockheizkraftwerk, und erdtemperierter Frischluftzufuhr ergänzt sich zu einem ökologischen Energiekonzept, das in dieser Konsequenz europaweit erstmals verwirklicht wurde.

Die Gebäudenutzung staffelt sich von Süd nach Nord in drei Zonen: Nach Süden gewandt erstreckt sich die gebäudehohe Empfangshalle, die als Eingangs- und Kommunikationszone mit einem öffentlichen Bistro und weiteren Sitzgelegenheiten zum Verweilen einladen. Von der Halle aus wird über eine Freitreppe eine zweite Zone erreicht, die in drei Geschossen plus Attikageschoss Büroräume und zwei Wohneinheiten auf-

nimmt. Über ein Laubengangsystem erschlossen öffnen sie sich dem bepflanzten „Außenraum" des Foyers, das als heiztechnische Pufferzone konzipiert ist.

Brandtechnisch ermöglicht wird die ästhetisch attraktive Freitreppe durch Fluchttreppen an den Stirnseiten der Halle. Weiter nach Norden schließt sich die flache Produktionshalle für die Solarmodule an.

Die Photovoltaik-Module der geneigten Fassade sind als starre Verschattungselemente arrangiert, die bei steilem Sonnenstand Schutz bieten, im Winter aber eine passive Erwärmung der Halle gewährleisten. Für einen weiteren thermischen Ausgleich sorgt ein Lüftungssystem, das Luft im Erdreich temperiert, um in der Kälteperiode erwärmte, im Sommer dagegen kühle Frischluft zuzuführen. Komplettiert wird das ökologische System durch eine Regenwassernutzung für Toilettenspülung und für die Bewässerung der üppigen Bepflanzung in der Eingangshalle. Üppige Pflanzungen fordert auch der Brennstoffbedarf des Blockheizkraftwerkes: Der Menge verbrannten Rapsöls entspricht eine Anbaufläche von ca. 30 Hektar.

Die eigentliche Produktionsstätte ist hinter der Schaufassade verborgen. Funktionalität oder Inszenierung einer Funktion?

Inzwischen ist die Solarfabrik gewaltig expandiert. Nicht nur der Ökomarkt auf der Produktionsfläche ist verschwunden, sondern eine ganz neue Fertigungshalle konnte in Freiburg Hochdorf in Betrieb genommen werden.

Die Lebensdauer der Zellen konnte bereits so weit verbessert werden, dass die Gesamtenergiebilanz sehr positiv aussieht: Drei Jahre arbeitet die Zelle, um die Herstellungsenergie zurückzugewinnen. Dem gegenüber steht eine 30-jährige Lebenserwartung. Das schafft positive Stimmungen im energetischen „Untergangsszenario" unserer Generation.

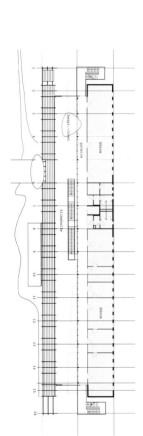

Solarhaus Freiburg
Christaweg 40

Architekturbüro:
Planerwerkstatt
Hölken & Berghoff

Bauherr:
Fraunhofer-Gesellschaft
München. Vertreten
durch Fraunhofer-Insitut
für Solare Energie-
systeme Freiburg

1992

2

Hocheffiziente Dämmstoffe, hervorragende Isolierverglasungen, hohe Speicherkapazität der Wände und eine Menge Solarzellen, sowie Warmwasserkollektoren auf dem Dach:
Blieb nur noch das Problem der saisonalen Dynamik von Sonnenenergie zu bewältigen. Das Fraunhofer-Institut demonstrierte die Lösbarkeit dieser Problematik mittels Wasserstofftechnik im Rahmen eines Forschungsprojektes. Der im Sommer durch Elektrolyse hergestellte Wasserstoff wurde in einem 15 m³ fassenden Druckbehälter für die Wintermonate nahezu verlustfrei gespeichert und dann verbrannt. Verbrennungsprodukt: Energie und Wasser. Elektrolyseur, Brennstoffzelle und ein Wasserstoff-Gasherd für die Küche sind Prototypen aus der Forschung des Freiburger Instituts. Versorgt wurde der Elektrolyseur von den auf dem Dach montierten Photovoltaik-Modulen. Dort befinden sich auch die Kollektoren für Warmwasserbereitung, deren Kapazität so bemessen wurde, dass sie den Bedarf auch im Winter decken. Das Solarhaus war als Null-Energie-Haus ein Pioniergebäude und setzte Maßstäbe für zahlreiche Gebäudetechnologien im Bereich Niedrigenergiebauweise.

Transparente Wärmedämmung, die Sonnenstrahlung durchlässt, Wärmeabstrahlung aber verhindert, umschließt das auf der Südseite aufsteigende Mauerwerk aus 30 cm Kalksandstein, das mit einem schwarzen Anstrich versehen für perfekte Absorption der Strahlungsenergie sorgt und damit zum effektiven Wärmespeicher wird. Das Mauerwerk der Nordseite hingegen

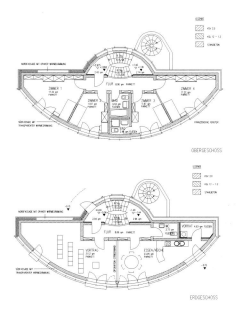

OBERGESCHOSS

ERDGESCHOSS

Die als Energieabsorber errichtete Südseite ist allein bestimmend für die Grundrissform des Wohnhauses.

wird mit Zellulosedämmung aus Altpapierflocken gedämmt.

Ein Tragsystem aus Nordex-Trägern minimiert hier die Wärmebrücken der Konstruktion. Die Kellerräume werden allseitig von druckfestem Schaumglas umschlossen, d.h., das gesamte Haus steht – ohne jegliche Wärmebrücken – auf bzw. in der Dämmung.

Um den Energiebedarf weiter zu minimieren wird das Lüftungssystem mit bereits erdtemperierter Frischluft versorgt, die Wärme der Abluft recyclet.

Das Haus hatte keinen Gas- oder Stromanschluss, keinen Schornstein oder Heizungskeller: Dennoch bot es den gesamten heute üblichen Wohnkomfort. Die Vision eines energieautarken Hauses wurde Wirklichkeit.

Inzwischen ist die Wasserstofftechnologie wieder ausgebaut, das Haus ans Stromnetz angeschlossen. Die Versuchszeit zeigte, dass ein wirtschaftlicher Betrieb derzeit noch nicht möglich ist. Die Forschung ist damit jedoch nicht beendet: Derzeit werden beispielsweise neue Verglasungen getestet, die sich selbstständig aufhellen oder verdunkeln, um mechanische Verschattung überflüssig zu machen. Auch werden neue Systeme zur Ausnützung von Erdwärme erprobt.

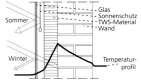

Schema der transparenten Wärmedämmung mit Temperaturverlauf

**Regierungspräsidium
Freiburg
Bissierstraße**

**Architekturbüro:
Harter + Kanzler
Projektarchitekten:
C. Tepel, O. Herzog,
M. Maurer, C. Kühn**

**Bauherr:
Land BW
vertreten durch Staatliches Vermögens- und
Hochbauamt Freiburg**

2004

3

Entwurfsskizze

Der Sitz des Regierungspräsidenten ist nach wie vor im Zentrum der Stadt, im traditionsreichen Basler Hof, der schon zu vorderösterreichischen Zeiten, seit 1753 bis zur napoleonischen Reform 1803, dieses Verwaltungsorgan beherbergte.

Die Platzverhältnisse dort sind heute allerdings so unzulänglich, dass die übrigen 400 Mitarbeiter des Präsidiums zuletzt auf 14 andere Standorte im Stadtgebiet verteilt waren. Diese Standorte zusammenzufassen war Intention des jetzt entstandenen Neubaus im Bereich des Behördenzentrums Bischofslinde.

Dass das Gebäude mit größtmöglicher Flexibilität und Erweiterungsmöglichkeiten konzipiert wurde, bewährte sich schon während der Bauzeit. Denn noch vor Fertigstellung wurde die große Verwaltungsreform des Landes beschlossen, die dem Präsidium neue Aufgaben zuwies, was konkret bedeutet: Der Neubau war schon vor Beendigung der Bauarbeiten zu klein. Obwohl man den Zustand der Zersplitterung also überwunden glaubte, ist die Behörde durch den Kompetenzzuwachs von fünf auf neun Abteilungen weiterhin im Stadtgebiet verstreut, wobei dem Basler Hof nach

wie vor die Aufgabe als Koordinationszentrum zukommt.

Der Neubau fällt auf durch seine überaus strenge Gestaltung: Klare Scharfkantigkeit der Volumina durch die auskragenden hellen Deckenscheiben, zwischen die kontrastreich dunkle Basaltplatten eingeschoben sind, die optisch mit den naturgemäß ebenfalls dunklen, geschosshohen Fensteröffnungen zu einem zurückgesetzten Band verschmelzen. Die in freiem Spiel versetzten Fenster halten keine vertikalen Gliederungsfluchten ein und bilden so einen erfrischend lebhaften Kontrapunkt zur Strenge der Horizontalen.

An wohlproportionierten Stellen bilden Fassadenrücksprünge Zäsuren in der scheinbar endlosen Fensterreihung, wobei diese Einschnitte teilweise durch die nun frei hervortretenden Pfeiler betont werden – vor allem weil diese sich, wie die Geschossdecken auch, hell von den dunklen Basaltplatten absetzten. Schon optisch sind dadurch Gebäudeskelett und Füllwerk klar voneinander geschieden.

Weitere Transparenz erreicht die Erdgeschossfassade mit ihren Holzlamellen. Es wirkt als klassisches Sockelgeschoss und erbringt darüberhinaus eine Ablesbarkeit der verschiedenen Funktionen: Büroräume in den Obergeschossen, Öffentlichkeit, also Säle, Cafeteria und Bibliothek im unteren Bereich.

Eine Erwartung, die bei einer Gebäudeabmessung von 65 mal 75 Meter nahe liegt, wird beim Betreten des gewaltigen Innenhofes bestätigt: Das Bauwerk ist als Atriumhaus konzipiert und überrascht im Inneren dennoch mit einer ebenso großzügigen, wie ansprechenden Flächengliederung. Bestuhlte Ebenen zum Verweilen scheinen wie ein Floß auf einer flachen Wasserfläche zu treiben, die sich zum Sitzungssaal hin ausbreitet und diesen scharf geschnittenen, hellen Kubus fast poetisch in Szene setzt. Das sind Anblicke, bei denen große Architektennamen vor dem geistigen Auge aufblitzen.

An der Ostseite des „Atriums", wo sich die Wasserfläche in einer Uferböschung verläuft, ist ein Tiefhof eingegraben, um den im Untergeschoss liegenden Labor-, Druckerei- und Rechenzentrumsräumen Licht zukommen zu lassen. Anderseits wird hier in bewusster Abgeschiedenheit eine ruhige, kontemplative Zone geschaffen – eine Raumatmosphäre, welche die japanisch anmutende Noblesse des Innenhofes weiterführt.

Die klaren, transparenten Konstruktions- und Gestaltungsprinzipien der Fassade finden sich in gleicher Konsequenz im Inneren. Raumhohe Türen rhythmisieren helle Wandflächen, die klar von dunklen Bodenbelägen abgesetzt sind. Schiefer für stark beanspruchte Flächen, Nadelfilz für weniger frequentierte Bereiche. Eine reichhaltige Verwendung von Birkenholztafeln für Wandverkleidungen, Einbaumöbel und Türen geben der klar geschnittenen Flächenaufteilung ein freundliches Ambiente.

Angesichts des knapp bemessenen Budgets, der kostengünstigen Einzellösungen, ist bei dem Neubau des Regierungspräsidiums ein überraschend qualitätsvoller Bau mit sorgfältiger Detailplanung entstanden.

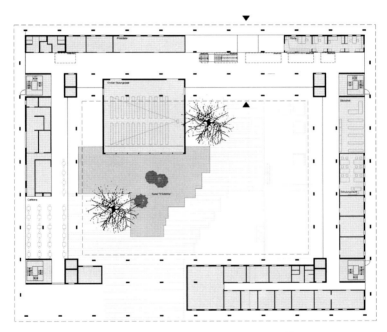

Grundriss EG

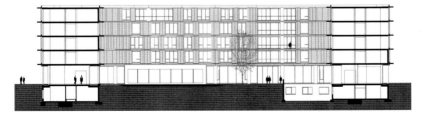

Schnitt Ost-West

Stadtteil Rieselfeld

**Städtebauliche
Voraussetzungen**

Zum Städtebau des 20. Jahrhunderts

Kein Problemfeld der Architektur des 20. Jahrhunderts wird so leidenschaftlich und kontrovers diskutiert, wie die Auffassungen über Gestaltung und Ziele modernen Städtebaus. Die Diskussionen arten bisweilen zu leidenschaftlich geführten und ideologisch motivierten Grabenkämpfen um das Bild von Mensch und Gesellschaft aus. Von der Vorraussetzung ausgehend, dass Städtebau immer als Spiegel gesellschaftlicher Konstitution gewertet werden muss, könnte man bisweilen zu der deprimierenden Einschätzung gelangen, dass Städtebau im Sinne eines funktionierenden Gemeinwesens heute schlicht unmöglich geworden ist.

Vor dem Hintergrund explodierender Städte während der Industrialisierung, einer dem Spekulantentum überlassenen Stadtplanung und ihrer als „Tuberkulosehöllen" beschriebenen Blockverdichtungen und Hinterhofbebauungen des 19. und beginnenden 20. Jahrhunderts, bildeten die städtebaulichen Visionen der Moderne einen radikalen Aufbruch zu neuen Ufern.

Was dabei unter dem Leitbegriff des Funktionalismus, mit der Forderung nach „Licht, Luft und Sonne", an positiven Impulsen entstand, verkam in den 50er- und 60er-Jahren in manchen Siedlungen zu einem „Bauwirtschaftsfunktionalismus", der sich vor allem an finanziellen Größen orientierte und bei weitem nicht mehr die gestalterische Kraft der 20er-Jahre aufbrachte. Die vielgeschmähten Siedlungen der 20er-Jahre — noch heute sind sie hochattraktiver und begehrter Wohnraum.

Doch auch die Stadtplanung der Nachkriegszeit leistete mit ihrem Leitbild der „Stadtlandschaft", einer aufgelockerten, durchgrünten, freilich auch verkehrsgerechten Bebauung, einen durchaus respektablen Beitrag zur Bewältigung der aus dem 19. Jahrhundert überkommenen Probleme. Die Versuche zur Auflösung der „steinernen Stadt" als Symbol einer verhassten und erstarrten Gesellschaftsstruktur hatten bereits lan-

Ein schönes Beispiel einer Platzgestaltung aus den 50er-Jahren in Freiburg. Die Forstdirektion in der Bertoldstraße baut eine spannende Diagonalbeziehung zum KG II auf, die bei der Neugestaltung des Platzes der alten Synagoge Anregung sein könnte.

ge Traditionen – von der Gartenstadtbewegung, die sich in Freiburg in Haslach manifestierte, über die Reformkonzepte der 20er-Jahre bis hin zu den bereits in Kriegszeiten erarbeiteten Wiederaufbauplänen.

Die strengen Blockstrukturen und axialen Orientierungen waren nach dem Missbrauch durch die Nationalsozialisten in den 50er-Jahren natürlich obsolet geworden, wurden erneut grundsätzlich in Frage gestellt – die Blöcke wurden aufgebrochen, die großen historischen Achsen bewusst verbaut. So sind in Deutschland viele gute Beispiele offener, durchgrünter Stadtplanung in der Nachkriegszeit entstanden.

Schwarzplan einer Blockbebauung in Berlin, 19. Jahrhundert. Die Mindestgröße der Innenhöfe war aus feuerpolizeilichen Gründen auf 6 x 6 Meter vorgeschrieben

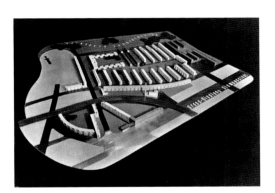

Stadtplanung 20er-Jahre, Modell Siemensstadt, Berlin

Stadtplanung 50er-Jahre, Hannover, Waterloo-Platz.

Die Entwicklungen in Freiburg:

Ein Charakteristikum Freiburgs findet sich in einem weitgehend intakten Erbe funktionierender und beliebter Stadtteile des 19. Jahrhunderts: Die Wiehre für begüterte Schichten als grünes Villenviertel, der Stühlinger als Arbeiterviertel in sehr viel engerer Baudichte geplant. Da Freiburg nie Industriestandort war, wurde die Stadt von den extremen Nachverdichtungen, wie sie sich in anderen Städten während der Industrialisie-

Freiburg Stühlinger (Foto 2004)

rung und nach dem ersten Weltkrieg vollzog, weitgehend verschont.

Nach dem zweiten Weltkrieg haben wir in Freiburg eine sehr gespaltene Situation. Einerseits setzte man im Zentrum auf die grundsätzliche Beibehaltung des historischen Stadtgefüges. Eine Planungsdoktrin, die von dem sehr konservativ geprägten Joseph Schlippe vertreten wurde. Auf ihn gehen beispielsweise auch die in den 30er- und 40er-Jahren realisierten Planungen zum Neubau des Lorenzrings im Klinikum zurück – stilistisch und städtebaulich nicht an den Idealen der Moderne, sondern an denen „Deutscher Baukultur" orientiert. Einen Gegenpol fand Schlippe in dem der Moderne gegenüber aufgeschlossenen Horst Linde. So finden sich in Freiburg, mitten ins Stadtbild eingestreut, hervorragende Zeugnisse der Aufbruchsstimmung der 50er-Jahre – Solitäre, die nicht nur ihrer gestalterischen Qualität wegen heute unter Denkmalschutz ste-

Fassade des HNO-Hochhauses von 1964. Das Hochhaus wirkt wie ein Manifest gegen den nie ganz fertiggestellten Lorenzring.

hen. Stellvertretend für viele andere seien hier nur das Hochhaus am Stadttheater, das alte Landratsamt in der Stadtstraße, das heutige Universitäts-Rektorat am Fahnenbergplatz oder die Stadthalle genannt.

Städtebauliche Aufgaben fand diese progressive Bauauffassung allerdings auch, nämlich beim Neubau der Univeritätsviertel, die in der Universitätsstadt Freiburg ab den 50er-Jahren eine enorme Ausdehnung erfuhren, so dass man heute von einer „Stadt in der Stadt" sprechen kann. Dieser Umstand wird in der Neuauflage des Freiburger Architekturführers dadurch berücksichtigt, dass diese „Stadt in der Stadt" als „Buch im Buch" dokumentiert wurde. Noch heute lädt der Baubestand der Universität zum Studium der Nachkriegsmoderne ein – ein Baukompendium, das derzeit glücklicherweise behutsam saniert wird.

Freiburg Weingarten (Fotos 2004)

Ansonsten fanden die Ideale der 50er-Jahre noch in der Peripherie ihren Niederschlag, wo einige bemerkenswerte Siedlungsprojekte realisiert werden konnten.

Wie viele andere Städte auch, leidet Freiburg mit den „Schlafstädten" der 60er- und 70er-Jahre an den heute negativ bewerteten Beispielen einer freilich damals als fortschrittlich und attraktiv eingeschätzten Wohn-

Wohnbogen. Abschirmung gegen die 3eçanconallee

Rieselfeldallee mit „Stadttor"

Oberer Pieselfeldgraben. Ehemalige Entwässerungsschneise, heute Erholungsraum.

kultur. Weingarten beispielsweise wurde damals allgemein als extrem komfortables, modernen Bedürfnissen aufs Beste angepasstes, attraktives Stadtviertel beurteilt. Die derzeitige negative Bewertung liegt sicherlich weniger an mangelnder städtebaulicher Qualität, sondern vielmehr an der fehlenden sozialen Durchmischung, die ein negatives Image nach sich zieht.

Nach einer Besinnungspause in den späten 70er- und 80er-Jahren, in denen kein nennenswerter Städtebau mehr stattfand, wurden mit den Negativbeispielen auch die positiven Impulse über Bord geworfen:

Die erneute Stadtplanungsdiskussion der 80er-Jahre wurde in Deutschland vom Begriff der „Stadtreparatur" dominiert, der die Stadtlandschaft der 50er-Jahre, überhaupt den gesamten Städtebau der Moderne als zerrissenes Stadtbild brandmarkte und einen klaren Rekurs auf die Blockrandbebauung des 19. Jahrhunderts forderte – ein Rekurs, der auch mit stilistischen Rückgriffen im Duktus postmodernen Gestaltungswillens einherging.

In diesem Zusammenhang muss auf eine wichtige Begleiterscheinung dieser Verdichtungsideologie hingewiesen werden. Längst nicht alle Protagonisten dieses neuen Urbanitätsgedankens haben hier tatsächlich ideelle Motivationen. Verdichtung bedeutet bekannt-

Bebauung an der Willy-Brandt-Allee

lich auch Gewinnmaximierung bei der Grundstücks- und Gebäudespekulation – eine Motivation, die sicherlich nicht vornehmlich an einer zukunftsorientierten Planung im Sinne des Erhalts und der Schaffung von Lebensqualität in unseren Städten orientiert ist.

Vor diesem gesamten Problemhorizont müssen die Planungen für den neuen Stadtteil Rieselfeld gesehen werden, die zunächst zögerlich, mit einiger Unsicherheit und Unbehagen begannen: Keine Trabantenstadt, sondern ein neuer Stadtteil sollte entstehen. Fehler früherer Großprojekte sollten unbedingt vermieden werden – es galt nichts Geringeres als eine ganz neue städtebauliche Zielsetzung zu finden. Als Leitbilder Freiburger Provenienz kann eine Mischung aus den Stadtteilen Wiehre mit einer sehr lockeren, und Stühlinger mit einer verdichteten Blockrandbebauung angegeben werden – beides wie gesagt traditionell beliebte Wohnquartiere.

Die Bewährungsphase für das Rieselfeld ist jetzt angelaufen.

Stadtteil Rieselfeld

**Städtebaulicher
Gesamtentwurf:
Böwer, Eith, Murken,
Spiecker
Güdemann, Morlock,
Meier**

**Einzelbauherren,
Baugruppen, Bauträger-
gesellschaften**

seit 1993

Stadtteil Rieselfeld

Die Gesamtanlage des Stadtteils Rieselfeld ist als eine in etwa orthogonale Verschränkung zweier Keilformen zu beschreiben. Der von Norden ins Bebauungsgefüge eindringende Grünkeil leitet den nördlichen Naturraum bis ins Herz der Stadtanlage und wird dabei zum unmittelbar erreichbaren Spiel-, Freizeit- und Erholungsraum. Der Grünkeil öffnet sich konsequenterweise nach Norden.

Der dazu quergelagerte Keil verschließt sich dagegen nach Osten und damit dem von Freiburg heranflutenden Verkehr. Lediglich die Stadtbahn, sowie Fußgänger- und Radfahrverkehr haben das Privileg, dieses künstlich geschaffene Nadelöhr zu passieren. Die Breitseite dieses zweiten Keils öffnet sich wiederum dem Naturraum im Westen. Diesem bereits in der grundlegenden Bebauungsstruktur erkennbaren Konzept folgt die gesamte Verkehrsplanung, die keinerlei Durchgangsverkehr zulässt. So bildet die Rieselfeldallee als verkehrsberuhigte Zone das Rückgrat des gesamten Stadtteils. Nach einer städtebaulichen Zäsur in Form beidseitig hereingezogener Häuserblocks, die einen optischen Engpass und damit eine Stadttorsituation bilden, entwickelt sich die Hauptstraße mit Läden, Büros, Banken und Gaststätten in dichter Blockbebauung.

Um die Monotonie des orthogonalen Rasters zu brechen wurde diese Achse mit einer leichten, fast unmerklichen Krümmung angelegt. Das Zentrum um den Maria-von-Rudloff-Platz nimmt die öffentlichen Einrichtungen wie das ökumenische Kirchenzentrum und das Stadtteilzentrum auf. Nach Norden, als Bebauungsgrenze zum Grünkeil, staffeln sich Grundschule und Gymnasium. Mehrere Kindergärten sind gleichmäßig im ganzen Stadtteil verteilt.

Die Gesamtkonzeption der Bebauung folgt dem Prinzip der abnehmenden Dichte von innen nach außen. Die Ränder öffnen sich der umgebenden Landschaft. Eine Ausnahme bildet hier naturgemäß die Nordostflanke, die von der Besançonallee tangiert wird. Hier schließt

22. April 2005

Verbindender Straßenraum und Plätze
Einkaufen, Gaststätten, Banken, Büros
Öffentliche Einrichtungen
Grünflächen
Straßenbahn
Rieselfeldgraben

Innenhof einer geschlossenen Blockbebauung an der Rieselfeldallee

Innenhof einer aufgelockerten Blockbebauung mit Punkthäusern.

Die Bebauungsränder mit niedrigen Doppel- und Reihenhäusern.

ein markanter Wohnbogen das gesamte Quartier wie ein Wall vom Verkehr der Straße ab. Die Abgrenzung zur Opfinger Straße wird durch die Ausweisung von Gewerbeflächen im Süden erreicht.

Dass die Entscheidung für eine Übertragung der Block- und Parzellenstruktur in unsere Zeit nicht selbstverständlich war, zeigen die nicht realisierten Ergebnisse des städtebaulichen Wettbewerbs. Sowohl das Architekturbüro Lucien Kroll aus Brüssel, als auch Jochen Dittus aus Freiburg präsentierten Entwürfe, die das Gedankengut der Gartenstadt, bzw. der Stadtlandschaft in sich tragen. Dem siegreichen Entwurf gelang es, Urbanität mit einem hohen Grad an Grünflächen zu verbinden, die von den Rändern bis ins Herz der Stadtanlage eindringen, ohne die gewollte Dichte des Stadtzentrums aufzulösen. Unwillkürlich assoziiert man Stadtanlagen wie Karlsruhe, dessen Schlosspark das Gedränge der Bauten öffnet.

Von geradezu symbolischem Charakter ist die zwangsläufig durch die Besanconallee gegebene Distanzierung von Weingarten, die durch den Wohnbogen noch unterstrichen wird. Ein schüchternes Brückchen sucht die Verbindung zu einem abgerissenen Teil der Vergangenheit.

Doch aus den anfangs angesprochenen Fehlern der Planung mit Großstrukturen aus den 60er- und 70er-Jahre wurde gelernt: Im Zentrum der Planungen zum

Der sich nach Norden in die Landschaft öffnende Gründkeil. Links Wohnbebauung, rechts das Kepler-Gymnasium

Rieselfeld standen neben bautechnischen, ökonomischen und ökologischen vor allem auch soziale Innovationen. Es soll von Anfang an eine „gute Adresse" geschaffen werden, ein positiv besetztes Image, um den langwierigsten Teil der Entwicklung eines Stadtteils, nämlich des Entwicklungsabschnitts, der erst nach Beendigung der Bauarbeiten beginnt, auf einen positiven Weg zu bringen. Ein Bemühen, das Früchte zu tragen scheint.

**Kepler-Gymnasium und
Sepp-Glaser-Sporthalle
Johanna-Kolund-Str. 5
Rieselfeld**

**Architekturbüro:
Ernst Spycher
mit M. Furrer, U. Schröer,
R. Fischer**

**Bauherr: Stadt Freiburg
vertreten durch
Städt. Hochbauamt**

1997

4

Städtebaulich bildet das neue Kepler-Gymnasium in Baueinheit mit der Sepp-Glaser-Sporthalle einen markanten Block in Verlängerung des Wohnbogens, welcher den gesamten neuen Stadtteil gegen die Besançonallee abschließt.

Im Nordosten wird zwischen Rieselfeldallee, Wohnbogen und den öffentlichen Bauten an der Johanna-Kolund-Straße ein eigenständiges Quartier definiert. Das Gymnasium erfüllt dabei eine Scharnierfunktion zwischen Wohn- und Kulturbauten. Es öffnet sich mit seinen Sportanlagen gleichzeitig dem rückwärtig liegenden Grünkeil des neuen Stadtteils. Die Ausführung als blockhafter Mauerwerksbau wirkt als städtebauliche Geste, als städtebauliche Dimension im neuen Stadtteil, der bewusst auf die Blockrandbebauung des 19. Jahrhunderts rekurriert.

Ein wehmütig stimmender Aspekt Freiburger Bautätigkeit ist freilich der Abriss des alten Keplergymnasiums, vor allem seines großartigen Treppenhauses wegen, dessen Weiternutzung im neuen Bauensemble sicherlich interessanter gewesen wäre, als die beim be-

Treppenhaus des alten Kepler-Gymnasiums

sten Willen nicht erkennbare städtebauliche Bedeutung des jetzt noch erhaltenen Turmes. Um so erfreulicher ist es, dass mit dem Treppenhaus des Neubaus ein echtes Highlight Freiburger Architektur entstanden ist.

Der Schulbau zeichnet sich durch eine kaum zu überbietende Strenge und Klarheit aus, die sich in beispielloser Konsequenz bis in die Bepflanzung des Pausenhofs hineinzieht. Wo andere Architekten architektonische Ordnung mit botanischer „Unordnung" kontrastieren, setzt Spycher auf ein Bekenntnis zur rationalen Planung: Bäume im quadratischen Raster. Die ungewöhnliche Überdachung des Haupteingangs fungiert als Projektion der Fassade und ergänzt das Rechteck des Eingangsbereichs zum Quadrat. Es ist die einzige Stelle am Bau, an der sich der Architekt Dynamik durch eine Abweichung von der Strenge des rechten Winkels gönnt.

Zuviel rationale Strenge für einen naturwissenschaftlichen Schulbau?

Bepflanzung des Schulhofs

Glasfassade am Eingang

Die Sporthallenfassade drückt das Quadrat als bestimmendes Gestaltungselement und primäres Ordnungsmodul des Spycher-Baus sinnfällig nach außen. An vielen Stellen erscheint es dann wieder, wie beispielsweise in der Gliederung der großen Treppenhaushalle am Haupteingang, die gleichzeitig als Foyer und durch Öffnung einer Wand auch als Bühne benutzt werden kann.

Interessant sind die Parallelen zum Treppenhaus des Droste-Hülshoff-Gymnasiums in Freiburg (Behnisch & Partner 1966). Dem praktischen Schulbetrieb besser angepasst ist dort die sich nach unten immer mehr verbreiternde Treppenführung – im Kepler-Gymnasium klagen die Schüler über Engpässe in den Pausen. Als unbeteiligter Betrachter ist man eher geneigt, dieses Manko zu übersehen, wird man doch durch eine beeindruckende Gestaltung dafür entschädigt.

Manches ästhetische Detail wurde allerdings der Pragmatik des Schulbetriebes geopfert. So entsprechen beispielsweise die schmalen Holzfenster der Sporthalle nicht der Ausschreibungsplanung des Architekten. Die Sichtbetonoberflächen in der Sporthalle wurden später einfach übertüncht.

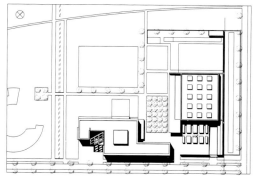

Nordfassade und Haupteingang
der Sporthalle

Eingang der Sporthalle

Keramikklinker:
Um den speziellen Vorstellungen des Architekten von der Wirkung der Fassadenklinker gerecht zu werden, wurde eine spezielle Materialmischung entwickelt, die seither unter dem Namen „Spycher-Stein" geführt wird. Der graugrüne Keramikklinker erzeugt ein changierendes Lichtspiel, ist stark farbabweisend und zog die Herstellung eines Spezialmörtels nach sich, da sein Aufnahmevermögen für Feuchtigkeit unter 1% liegt. Um eine makellos geschlossene Fassadenwirkung zu erreichen, wurden auch die Fertigstürze an Fenstern und Türen verblendet, die Unterseiten mit L-förmigen Klinkerschalen. Ein enormer Aufwand, bedenkt man, dass nur eine akribische Planung des gesamten Läuferverbands an den Fassaden einen zufriedenstellenden Fugenschluss mit den Fertigteilen gewährleisten kann.

Ökumenisches Zentrum
Maria-Magdalena-Kirche
Maria von Rudloff-Platz

Architektin:
Susanne Gross
Architekturbüro:
Kister Scheithauer Gross

Bauherr:
Ev. Maria-Magdalena
Gemeinde und
Kath. Kirchengemeinde
St. Maria Magdalena

2004

5

„Geht das hier mal voran? Die Welt war ja auch in 7 Tagen fertig."

Diese provokant-ironische Frage plakatierte die Evangelische Landeskirche Württemberg im Vorfeld des ersten ökumenischen Kirchentages im Jahr 2003 vor Baustellen – das Jahr, das in Zukunft wohl auch mit dem päpstlichen Edikt gegen ein gemeinsames Abendmahl verbunden sein wird.

Es geht voran: Im Rieselfeld wuchs ein Bauwerk der Versöhnung empor, ein ökumenisches Zentrum als Symbol „einer Kirche". Wie ein Schiff in rauher See gebärden sich die stürzenden und sich gegenseitig stützenden kristallinen Formen des Baukörpers.

Im Schnittpunkt der Haupterschließungsachsen gelegen bildet der Kirchenbau zusammen mit dem bewusst nüchtern gestalteten Stadtteilzentrum, durch ein Baumkarree mit diesem gleichzeitig verbunden und auch distanziert, den klaren Mittelpunkt des neuen Stadtteils.

Werbeplakat der Ev. Landeskirche Württemberg, Werbekampagne ausgezeichnet vom ADC 2003. (Fotomontage)

Überraschend ist das gänzliche Fehlen der für Sakralbauten unverzichtbar scheinenden Vertikalen in Form eines Turms oder anderweitiger Höhendynamik in der Gebäudeentwicklung.

Nicht nur ein gemeinsamer Auftrag beider Kirchen, sondern auch die Symbolkraft des Entwurfs demonstriert den Willen, Brücken zu schlagen und Barrieren zu überwinden: Im Innenraum werden gewaltige Betonwände mit Ausmaßen von bis zu 9 mal 10 Metern und 30 Tonnen Gewicht, als Tore der Begegnung inszeniert und können bei Bedarf auf Stahlrollen beiseite gezogen werden, wodurch ein großer gemeinsamer Kirchenraum möglich wird. Bei geschlossenen Toren, realisiert sich die konfessionelle Trennung beider Kirchen.

Mit den Betonbauarbeiten wurde eine Firma beauftragt, die sich schon bei der Schweizer Botschaft in Berlin profiliert hat – und die Schweizer verstehen sich bekanntermaßen auf die Ästhetik feinster Sichtbetonoberflächen

Während der Bauarbeiten: Die verschiebbaren Betonwände mit Dachkonstruktion aus Brettschichtbindern

Der Grundriss ist durch hohe Flexibilität, aber auch von großer Spannung geprägt. Er lässt sich durchaus auch als Abbild der Spannungen zwischen den Kirchen interpretieren. Der Mittelbereich kann entweder einem der einzelnen Sakralräume zugeschlagen werden, oder es entsteht durch Öffnung beider Tore ein großer gemeinsamer Kirchenraum.

Dass sowohl die Raum- als auch die Lichtregie sogar beim Gesamtraum harmoniert, war wohl eine der größten Herausforderungen an die Entwerferin.

Bemerkenswert ist die Demonstration nackter Sichtbetonoberflächen, außen wie innen. Die Architektin setzt auf die größtmögliche Unmittelbarkeit des Ausdrucks. Die puristische Wirkung wird durch die innen angeschlagenen Fenster noch weiter verstärkt. Von außen gesehen wirken die Öffnungen ohne einen sichtbaren Rahmen fensterlos, eine Rohbauatmosphäre – und Rohbau steht hier als Sinnbild für Aufbruch – bleibt damit erhalten.

Ermöglicht wird der Verzicht auf Wandverkleidung und zusätzliche Wärmedämmung durch eine Leichtbetonbauweise mit Lava als Zuschlagstoff. Kombiniert mit einer Fußbodenheizung ist der Bau auf eine – immer-

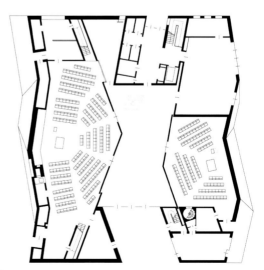

*Lichtband in der Deckenkon-
struktion*

hin fußwarme – Temperatur von spartanischen 12 bis
15 Grad konzipiert.

Dass die Entscheidung zur gemeinschaftlichen Errichtung eines Kirchenbaus nicht nur von ökumenischen,
sondern auch von ökonomischen Überlegungen begleitet wurde, schmälert nicht die Symbolkraft dieser
mutigen Entscheidung.

*Während bei Sichtbeton heute
hauptsächlich seine Oberflä-
chenqualitäten im Vordergrund
stehen, schwelgten die 50er-
und 60er-Jahre für die grandio-
sen konstruktiven Möglichkeiten des Baustoffs. Auch dafür
gibt es in Freiburg beeindruckende Beispiele von weit über-
regionaler Bedeutung.
„Großmeister" dieser Architek-
tengeneration war der
italienische Baumeister
Pier Luigi Nervi (1891-1979)*

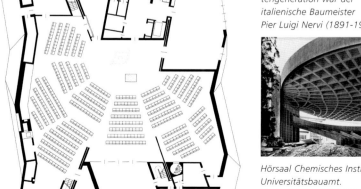

*Hörsaal Chemisches Institut
Universitätsbauamt.
Hecker/Dorgerloh 1968*

**Baugruppe
Lotte-Paepcke-Hof und
Ingeborg Bachmann-
Weg**

**Architekturbüro:
Melder und Binkert**

**Bauherr:
Baugruppe**

2002 und 2003

6

Von außen sind die beiden Gebäude kaum als Baugruppenprojekte zu erkennen: Klassischer Reihenhaustyp, der aber alle Vorteile des Baugruppenmodells nutzt. Grundsätzlich gleich konstruierte Einzelmodule bringen Wirtschaftlichkeit in Planung und Ausführung und lassen sich dennoch im Inneren den individuellen Wünschen der Bewohner sehr flexibel anpassen.

Von einem kleinen Parkgelände mit Teich voneinander getrennt genießen die Bewohner der beiden Häuser eine priviligierte Lage im Rieselfeld, mit wunderbaren Ausblicken von Loggia und Dachterrasse.

Die Vorteile der Reihenhausbebauung liegen auf der Hand. Um Die Nachteile so weit als möglich zu umschiffen, entwickelten die Architekten ein kreatives Programm zur Freiflächengestaltung, das im Außenbereich ein Höchstmaß an Individualität durch abgegrenzte, private Bereiche schafft. Sowohl auf der Straßen-, als auch auf der Gartenseite der Zeilen, sind die Fassaden eingeschnitten, um unterschiedlich geschützte Freiräume zu erhalten: Küchenterrassen, eingezogene Garten- und auch Dachterrassen bieten eine Vielzahl individueller Möglichkeiten. Durch eine Verkleidung der Loggienbereiche mit Holzlamellen, werden sie als Innenraum charakterisiert, was die gewünschte Intimität gefühlsmäßig noch erhöht.

Blick von der Loggia zur anderen Gebäudegruppe im Lotte-Paepcke-Hof jenseits des Parks.

Ingeborg Bachmann-Weg

Lotte-Paepcke-Hof

Die Häuser wurden in Massivbauweise, mit Betondecken auf Kalksandstein ausgeführt. Auf einer Dämmschicht liegender, weiß gestrichener Putz bestimmt das kompakte äußere Erscheinungsbild, das durch farbig gefasste Terrassenbereiche freundlich aufgelockert wird.

Die durch die Einschnitte etwas verminderte Kompaktheit des Baukörpers, wird durch den Einsatz energiesparender Technik kompensiert.

Umwelttechnisch repräsentiert das Haus einen hohen Standard: Warmwasserkollektoren, Wärmerückgewinnung, Holzpelletheizung, Regenwassernutzung und Dachbegrünung. Alles selbstverständliche Bestandteile der Gebäude, ohne das äußere Erscheinungsbild zu dominieren.

Eine gute, aber völlig unspektakuläre Architektur, die als Beispiel dafür gelten kann, dass das Bauen in der Gruppe in Freiburg längst zur Normalität geworden ist.

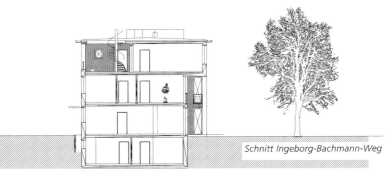

Schnitt Ingeborg-Bachmann-Weg

Fraunhofer-Institut für solare Energiesysteme (ISE) Heidenhofstraße

Architekturbüro: Dissing+Weitling

Bauherr: Fraunhofer Gesellschaft München

2001

7

Der Neubau des Fraunhofer-Instituts für solare Energiesysteme, stellt unbestritten das Zentrum, quasi das pulsierende Herz der „Solarcity Freiburg" dar. Hier wird nicht nur die Entwicklung von Solarzellen vorangetrieben, sondern auch Konzepte und Technologien für energieeffizientes Bauen allgemein. Dazu zählen Fenster und Fassaden ebenso wie Sonnenschutzsysteme und solare Klimatisierung, Innenputze mit Phasenwechselmaterialien und andere Speichermaterialien. Ein reichhaltiges Programm, schließlich handelt es sich beim Fraunhofer ISE auch um das größte europäische Solarforschungsinstitut.

An städtebaulich sensibler Stelle errichtet, hat der Neubau zwischen der kleinteiligen Wohnbebauung und dem Eingang zum Freiburger Klinikum zu vermitteln und gleichzeitig natürlich den Repräsentationsansprüchen dieses bedeutenden Instituts zu genügen.

Freilich sollte das Gebäude vor allem eine Vorbildfunktion in Sachen energieeffizientem Bauen einnehmen.

Ansicht von Süden. Im Vordergrund ein gläserner Kopfbau, der Auftakt einer Erschließungsmagistrale ist, die sich durchs ganze Gebäude hindurchzieht.

Bei dem für Institute im High-Tech-Forschungsbereich naturgemäß sehr hohen Energiebedarf ist dafür natürlich nicht nur der Fassadenaufbau wichtig, sondern in erster Linie der effiziente Umgang mit Geräten und deren Betriebsweise.

Der Grundriss ähnelt dem der kammartigen Struktur des (siehe) Instituts für Pharmakologie der Universität. Zur Straße hin die „harte", zum Grünraum die „weiche" Gestaltung mit ausgreifenden Flügelbauten. Eine von Süd nach Nord durch das gesamte Gebäude geführte Magistrale, dient als Haupterschließungsader. Vorne am runden Kopfbau, der die zentralen Einrichtungen und einen Konferenzsaal aufnimmt, beginnt diese Achse und tritt sinnfällig als Glasturm vor die Fassade. Im Westen dieser Achse dann die Technikräume mit einem großen Reinraum für die Entwicklung von Solarzellen. In den Flügelbauten finden sich nach Norden Labore, an der Südseite Büros.

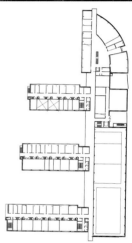

Grundriss

Das Stahlbetonskelett wird je nach Orientierung und Funktion mit drei verschiedenen Fassadentypen geschlossen, die in umfangreichen Simulationsrechnungen optimiert wurden.

Das Gebäude mag in ästhetischer Hinsicht vielleicht etwas unterkühlt wirken, hinsichtlich der Inhalte jedoch ist es ein absolutes Highlight. Ein „Grundgesetz" der architektonischen Gestaltung äußert sich auch hier: Die ästhetische Optimierung geht – zumindest bei technisch derart anspruchsvollen Bauaufgaben – meist auf Kosten der Funktionalität, die hier natürlich absoluten Vorrang genoss.

„Weinlein" Weinladen Hauptstraße Herdern

Architekturbüro: Common & Gies

Bauherr: Adrian von Gleichenstein

2003

8

Mitten in der noch dörflich anmutenden Bebauung Herderns gegenüber dem Dorfbach und der Kirche sollte in ein Gebäude, das ursprünglich Bäckerei war, zuletzt aber als Künstleratelier diente, ein Weinlokal mit Degustationsraum eingebaut werden.

Der ohnehin schon extrem langgezogene Gebäudezuschnitt, noch zusätzlich durch einen Gang beschnitten, der die rückwärtigen Hausteile, das Obergeschoss und den Garten erschließt, stellte die Architekten vor eine ebenso schwierige, wie interessante Aufgabe: Einen Ladenraum auf einer Fläche mit einem Seitenverhältnis von 1:5 unterzubringen.

Die Architekten entschieden sich nicht dafür, die räumliche Schlauchsituation mit List und Tücke zu kaschieren, sondern machten aus der Not eine Tugend, indem sie die dem Baubestand innewohnende Dynamik erkannten und als Entwurfsidee aufgriffen.

Der ohnehin schmale Raum wurde nochmals geteilt und zwar in Längsrichtung – nicht durch Wände, son-

dern mittels einer farblichen Fassung, die den Laden in zwei stark kontrastierende, extrem schlanke Volumen zerteilt. Fußboden, Wände, Decken – ganz in rot oder ganz in weiß. Selbst das Mobiliar wurde diesem strengen Farbkonzept unterworfen.

Durch eine künstliche Verengung des linken, weißen Bereichs, der als Erschließung fungiert, entsteht eine zwingende Perspektive, die den Raum optisch noch weiter in die Länge zieht. Diese fluchtet genau auf den Engpass zum zweiten Raum, eine schmale Flursituation, die durch das von außen eingeschnittene Treppenhaus bedingt ist. Eine Rauminszenierung, die enorme Dynamik und Spannung erzeugt. Der Kunde wird optisch geradezu in die Tiefe des Raumes gezogen. Ein illusionistischer Effekt, wie er beispielsweise gerne von Barockbaumeistern zur Steigerung des Raumeindruckes eingesetzt wurde. Selbst die Beleuchtungskörper folgen in ihrer ovalen Form der zwingenden Tiefenentwicklung des Raumes.

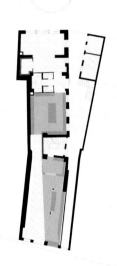

Durchschreitet man das Nadelöhr zum dahinterliegenden Raum, der neben der Weinpräsentation vor allem zur Degustation dient, wird man plötzlich von der gesetzten Ruhe ausgeglichener Proportionen empfangen. Vollkommen in dunkles Rot getaucht entsteht ein eindringlicher Raum, der eine feurig-feierliche Atmosphäre ausstrahlt. Dahinter dann die Nebenräume: WC, Spülküche und ein Lager, das eine Anlieferung von der rückwärtigen Hausseite aus ermöglicht.

Ein wirklich faszinierendes Raumerlebnis bei Weinlein – ganz nebenbei kann man dort Weine kaufen – auch ein Erlebnis.

**Pharmaceuticals
Am Flughafen**

**Architekturbüro:
rolf + hotz**

**Bauherr:
Komtur Pharmaceuticals**

2005

9

Das Industrie- und Verwaltungsgebäude am Flughafen folgt der Typologie eines Atriumhauses. In eine quadratische Grundfläche ist mittig ein großzügiger Lichthof eingeschnitten, der die Treppenanlage aufnimmt, als Zentrum und Kommunikationszone dient und um den sich die einzelnen Funktionsbereiche gruppieren. Vollkommene Transparenz prägt die räumliche Konzeption. Außer einem eingestellten Glaskasten, der als Besprechungszimmer dient, finden sich keinerlei trennende Wände. Vollkommen transparent ist auch die Gebäudehülle gehalten, die durch umlaufende Balkonbänder horizontal gegliedert wird. Ein vertikales Gliederungselement geben die Metallschienen, in denen Verschattungselemente aus Edelstahlgewebe geführt werden – an den Ecken in halbierter Breite, quasi um die Geäudeecke herumgeführt. Als Einzelvolumina treten der obere Besprechungsraum und ein Windfang aus der Glashülle hervor und schieben sich exakt bis an die Außenkante der Balkone vor.

Natursteinplatten empfangen den Besucher an der Grundstücksgrenze und führen ihn bis ins Innere des Gebäudes. Der gesamte Erdgeschossfußboden ist mit diesem Naturstein gefasst, so dass eine innige Verbindung von Außen und Innen hergestellt ist. Dieser Bereich dient als Umschlagplatz für pharmazeutische Produkte: Verpackung und Versand. In den Oberge-

schossen verbreitet Nussbaumparkett eine weniger extrovertierte Atmosphäre. Bis auf die zwei geschlossenen Türme, die ein feuersicheres Treppenhaus, Toiletten und Teeküche, sowie den Aufzugsschacht aufnehmen, ist auch hier alles offen gehalten, in lockerer Anordnung um das mittige Atrium gelagert.

Energetisch wird der natürlich klimatisierte Glaswürfel am Flugplatz durch eine Grundwasserbohrung aufgewertet, die stets gleich temperiertes Wasser fördert: Im Sommer zur Kühlung, im Winter zur Vorwärmung der Betondecken. Auf dem Dach ist eine Photovoltaikanlage installiert.

Das Gebäude ermöglicht neben einer maximalen Offenheit gegenüber der Umgebung, die Kundenorientierung signalisieren soll, eine intensiv-kommunikative Arbeitsatmosphäre und bietet in der wenig bebauten Umgebung darüber hinaus eine phantastische Sichtverbindung zu Stadt, Vogesen und Schwarzwald.

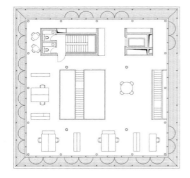
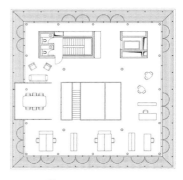

Neue Messe
Hermann-Mitsch-Str. 3

Architekt:
Sacker Architekten

2000 / 2006

Bauherr:
Neue Messe Freiburg
Objektträger
GmbH & Co. KG

10

Stahl, Glas, Beton: Die Baumaterialien unserer Zeit – verarbeitet zu schnörkelloser Funktionalität.

Offenheit und eine phantastische Aussicht auf Kaiserstuhl und Vogesen ermöglicht die vollkommen transparent gehaltene Eingangsfassade. Das ehemals 150 Meter, heute nach dem zweiten Bauabschnitt 225 Meter lange Foyer empfängt den Besucher mit großzügiger Geste und bietet in einem zwischen Ausstellungshallen und Empfangsflur zurückgesetzten Zwischentrakt eine Servicezone mit Imbiss, Information, WCs, Garderoben etc. Die enorme Länge der Eingangshalle wird durch einen spannenden Rhythmus aus Treppen, Brücken und Galerien bewältigt.

Die hinter der Einganszone angeordneten Ausstellungshallen lassen sich durch große Tore miteinander verbinden und sind mit einer Stahlträgerkonstruktion fast in der gesamten Ausdehnung stützenfrei überspannt. Durch filigrane, umlaufende Oberlichtbänder erhalten sie eine angenehme Helligkeit. Die in der Konstruktionszone offen geführten Lüftungsrohre durchstoßen effektvoll die im Kontrast zur Eingangsseite abweisend geschlossene Gebäudehülle der Rückseite und zeichnen diese als technische Versorgungsfront

Hallenrückfront

der Hallen aus, die mittels gewaltiger Toreinschnitte auch den reibungslosen Materialverkehr gewährleisten.

Ab und zu taucht aus dem vornehm zurückhaltenden Kanon aus Stahl, Glas und Beton ein kleiner Blickfang auf in Form von Erlenholz an Türen und Wänden oder auch der hölzernen Kastenfenster, welche die Membran der Fassade weit durchdringen und einen Hinweis auf die dahinterliegenden Bürocontainer des Obergeschosses geben. Ansonsten wie gesagt: funktionale, schnörkellose Eleganz.

Ein bemerkenswerter Weg zum Thema umweltgerechtes und Ressourcen schonendes Bauen wird durch eine extrem sparsame Verwendung der Konstruktionsmaterialien aufgezeigt, die auf ein Minimum reduziert sind. Energie und Rohstoffe zur Herstellung, sowie für Transport und Montage fallen erst gar nicht an. Damit kann bisweilen mehr erreicht werden, als sich durch aufwändige Baukonstruktionen und Dämmquerschnitte später einsparen lässt.

Fensterkästen der Bürocontainer

Inzwischen ist auch der zweite Bauabschnitt der neuen Messe fertiggestellt und wird in Kürze seiner Bestimmung übergeben. Der vorgelagerte, gläserne Foyerbereich wurde nahtlos verlängert. Dahinter enstand eine vierte Halle, die von den vorhandenen drei Hallen durch ein Zentralfoyer getrennt ist, das ohne Zäsur in das Längsfoyer übergeht. In diesem repräsentativ gestalteten Bereich liegt jetzt der Hauptzugang zur Messe. Leider wurde aus Kostengründen bisher davon abgesehen, diesen zentralen Eingang auch von außen architektonisch sichtbar zu machen. Geplant war ein weit ausgreifendes Vordach auf Stahlträgern, das weithin die Eingangssitutation signalisiert hätte – eine sehr kostengünstige Lösung, die hoffentlich noch ergänzt werden kann, denn das Vordach würde in die endlose Westpartie Orientierung und Mitte bringen.

Das neue Zentralfoyer bildet mit einem dahinter angeordneten Konferenzsaal quasi die „gute Stube" innerhalb der Hallenfolge. Großzügig dimensioniert kann es ebenso dem Messebetrieb zugeschlagen, als auch für separate Veranstaltungen genutzt werden. Durch Wandverkleidung aus Erlenholz und einen Steinfußboden wird es gegenüber den übrigen Hallen aufgewertet. Im hinteren Bereich führen Treppen auf eine Empore, die dem Konferenzsaal vorgelagert ist. Durch eine kreuzförmig in der Decke versenkte Transportschiene kann der große Saal in vier Kompartimente aufgeteilt werden. Die Wandelemente werden an Deckenschienen aus einem Lagerraum herangeführt.

Die vierte Halle unterscheidet sich von den bisherigen drei Hallen vor allem dadurch, dass sie durch die eingeschobene Baufuge Zentralfoyer ein ringsum laufen-

Neue Halle 4 kurz vor der Fertigstellung

Zentralfoyer kurz vor Fertigstellung. Im Hintergrund die Empore mit dahinterliegendem Konferenzsaal.

des Oberlichtband erhalten konnte und akustisch durch Wandverkleidungen gedämpft wurde. Konzertbetrieb ist dort jetzt einfacher, ohne Abhängen von Akustikvorhängen, möglich.

Durch den zweiten Bauabschnitt hat die neue Messe ihre repräsentative Mitte gefunden, wenngleich das neue Zentralfoyer mit Haupteingang erst mit dem geplanten dritten Bauabschnitt in die tatsächliche Mitte der Hallenfolge rücken wird.

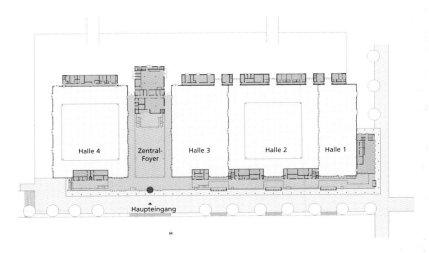

**Baugruppe 3W
am Geigesturm / T66
Fuchsstraße**

**Architekturbüro:
Amann & Burdenski**

**Bauherr:
Baugruppe 3W**

2004

11

Nicht der Turm, sondern eine knallrote Wandscheibe, an der die Treppenläufe angehängt sind, bildet heute das Erkennungszeichen des Bauensembles um den Geigesturm – zumindest wenn man das Grundstück von Süden ansteuert, von der Schwarzwaldstraße kommend ist die Ansicht des Turmes dominierend. Seinen Namen erhielt der Turm nach dem Freiburger Maler Fritz Geiges, bekannt auch als Restaurator, der das Grundstück einst erwarb und darauf 1899 einen Atelierturm für die Arbeit an Kirchenfenstern baute. In steter Tradition wird der Turm seither bis heute für Künstlerateliers genutzt.

Als 2002 eine Neunutzung für das Gelände gefunden werden musste, überzeugte ein Konzept, das eine gemischte Bebauung aus Wohnungen und Künstlerateliers im Turm vorsah. Die Baugruppe 3W (Wiehre-Werken-Wohnen) umschließt den Turmbau heute winkelförmig in drei Einzelgebäuden. Städtebaulich war die Maßstäblichkeit zu den gründerzeitlichen Villen der Umgebung zu wahren und gleichzeitig sollte die Bedeutung des alten Turmes zur Geltung kommen. Die Architekten sahen deshalb locker gegliederte Baumassen vor, deren drei Teile sich von vier Stockwerken im Süden auf zwei Stockwerke reduzieren, so dass der im Norden liegende Turm in seiner Höhenwirkung voll zur Geltung kommt. Die Neubauten distanzieren sich gegenüber der schweren Bauweise der Gründerzeit

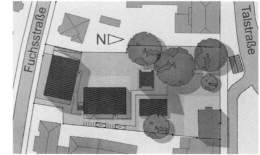

Lageplan

und setzen auf die Immaterialität der klassischen Moderne. Klare weiße Kuben wirken wie ein zurückhaltendes Passepartout für die wuchtige Masse des Turms, der den Solopart in der Gebäudegruppe spielt. Er wurde sorgfältig restauriert und erhielt eine neue Außenerschließung durch eine Stahltreppe. Drinnen stapeln sich Atelierräume mit vollflächiger Verglasung nach Norden.

Atelier im Turm

Neben den Ateliers sind auf dem Gelände eine Vielzahl hochwertiger Wohnungen entstanden, die den Vergleich zu den alten Villen der Umgebung nicht zu scheuen brauchen. Durch das ungewöhnliche Engagement der Baugruppe, die nicht nur ihre Wohnbauten finanzierten, sondern auch – zusammen mit dem Landesdenkmalamt – für die Sanierung des historischen Künstlerturms aufkam, konnte ein wichtiges Stück Freiburger Geschichte erhalten werden, wenngleich der Turm jetzt einen neuen, futuristisch anmutenden Namen bekam: T66 (Talstraße 66).

Erzbischöfliches Archiv
Schoferstraße 3
Innenstadt

Architekturbüro:
Erzbischöfliches Bauamt
Christof Hendrich und
Anton Bauhofer

Bauherr:
Erzbischöfliches
Ordinariat Freiburg

2002

12

Ungefähr zur gleichen Zeit, vor etwa 800 Jahren, als in Maulbronn ein neuer Sandsteinbruch eröffnet wurde, begannen die Bauarbeiten am Freiburger Münster, das seine Steine freilich aus umliegenden Brüchen bezog. Diese sind heute für das Münster reserviert, weshalb beim Neubau des neuen Erzbischöflichen Archivs auf den ähnlichen Maulbronner Schilfsandstein zurückgegriffen wurde. Schon in der für Freiburg traditionellen Materialwahl wird ein Leitsatz kirchlicher Programmatik manifest: pensamus saeculi – wir denken in Jahrhunderten. Darüber hinaus liegt der Naturstein auch außerhalb Freiburgs im Trend neuesten Architekturgeschehens.

Die Oberfläche des monolithisch wirkenden Blocks wird von einer engen Schichtung der Steine bestimmt, die auf historische Schichten und Schichtungen des eingelagerten Archivgutes verweisen soll, dessen Provenienz fast 1000 Jahre zurückreicht. Versprünge der kleinen Sandsteingesimse könnten dabei als Zeichen einer Inhomogenität historischer Prozesse interpretiert werden, die sich schließlich dennoch zu einem klar er-

fassbaren Gesamtgebilde verdichteten. Gleichzeitig gibt die Konvergenz der senkrechten Fugen einen deutlichen Hinweis auf die Verblendungstechnik.

Das in den Baublock wie eingesägt wirkende Gesims nimmt die Bauhöhe der Nachbarbebauung auf.

Spannung erzeugt ein Wechsel bei der Oberflächenbehandlung des Natursteins im Bereich des Haupteingangs. Hier definiert die gegenüber der übrigen spaltrauhen Fassade fast immateriell wirkende Glättung des Steins einen Hinweis für die Geschossgliederung und die innen liegende Halle. Durch die Aufnahme des rechten Winkels im Grundriss wird einerseits ein Zurückweichen der Fassade auf den Eingang zu erreicht, andererseits ein Hinweis auf den stumpfwinkligen Gelände- und Gebäudezuschnitt an dieser Ecke gegeben. Als mächtiges, schnörkelloses Portal inszeniert, erinnert der Eingangsbereich an die suggestive Kraft ägyptischer Tempeltore.

Die Raumgliederung ist an der Fassade ablesbar. Die sich zum Schlossbergring öffnenden transluzenten Verglasungen in der glatten Erdgeschosszone markieren die zweigeschossige Eingangshalle, hinter der zum Park hin orientierte Büro- und Technikräume liegen. Darüber stapeln sich in den Stockwerken 3 bis 5 Ar-

Zweigeschossige Eingangshalle mit Pechercheplätzen

Die skulptural gestaltete Holztreppe wirkt in der zweigeschossigen Eingangshalle wie ein Möbelstück und ist tatsächlich als Schubladenschrank konzipiert, der Karteikästen für die Recherchearbeit aufnimmt.

chivräume. Weiteren Lagerplatz bieten darüber hinaus zwei Untergeschosse, so dass insgesamt 10 Kilometer Regalboden zur Verfügung steht.

Ein Monolith als „Fanal gegen die Leichtigkeit und Transparenz des Bauens" (Baumeister 11/2002). Die Gestaltung versinnbildlicht dabei exzellent die Funktion eines die „Jahrhunderte stapelnden" Archivbaus in Form eines Tresors und setzt höchste architektonische Maßstäbe, wie man sie bereits vom Sprachkolleg des erzbischöflichen Bauamts kennt. So erfüllt sich eine zweite, vom Materiellen abgelöste Bedeutungsebene des „pensamus saeculi": Eine Kirche, die wieder als Träger einer Baukultur ersten Ranges auftritt.

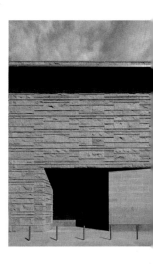

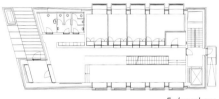

Erdgeschoss

Hinter dicken Mauern aus 12 cm Rigips, 50 cm Ziegelmauerwerk und ca. 10 cm Naturstein ist innen noch eine zusätzliche Wandschale angebracht, die ähnlich wie eine römische Hypokaustenheizung funktioniert. Damit soll das Gebäude auch ohne Klimaanlage eine Archivtaugliche Klimasituation erreichen.

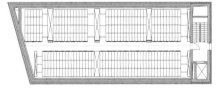

3. – 5. Obergeschoss

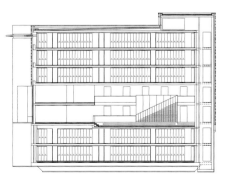

Längsschnitt

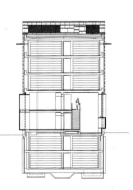

Querschnitt

**Schlossbergturm
„Salzbüchsle"
Schlossberg**

**Architekturbüro:
Hubert Horbach
Entwurf mit Josef Diel
und Max Scherberger**

**Bauherr:
Kuratorium Freiburger
Schlossberg**

2002

13

Einst Burgplatz des Freiburger Gründungsgeschlechts der Zähringer war der Schlossberg, wie auch die Stadt Freiburg, nach dem 30-jährigen Krieg mehrfach heiß umkämpftes Territorium zwischen Frankreich und Habsburg und wurde während der französischen Besatzung vom Festungsbaumeister Vauban nach modernsten fortifikatorischen Erkenntnissen ausgebaut. Nach dem endgültigen Rückzug der Franzosen im Jahre 1744 wurde die Festung geschleift; Die Überreste sind bis heute ein lohnendes Ausflugsziel.

Ganz oben, wo einst das Adlerfort, ein Rückzugsbollwerk der französischen Verteidigungsanlagen, stand, erhebt sich heute ein schlanker Turm, der nicht nur den Punkt des Adlerforts markiert, sondern vor allem eine herrliche Aussicht auf Landschaft und Stadt bietet. Von dort oben aus können auch die ehemaligen Bastionen der Stadt ausgemacht werden. Die Hügel, auf denen sich heute Colombischlössle, Theater oder die Mensa I erheben, lassen noch heute einige Standorte früherer französischer Bastionen erleben.

Die filigrane Stahlkonstruktion des Turms wird von einer der Treppenwindung gegenläufig orientierten Mantelkonstruktion aus Douglasienstämmen umkreist, was eine Torsionsdynamik wie sphärische Wirbel erzeugt. Die Drehung der Stämme wirkt statisch als Stabilisierung gegen Verwindungskräfte. Bewusst wurde die Transparenz des Turms in Gegensatz zur Massivität des ehemaligen Bollwerks gestellt und wächst elegant und natürlich aus dem umgebenden Baumbestand heraus.

„...wer den Turm besteigt, der findet in ihm nicht die Geborgenheit eines Wehrturms, sondern erfährt mit jedem Schritt nach oben stärker eine Ausgesetztheit – bis hinauf zum „Krähennest" über der obersten Plattform, wo jeder Besucher mit sich und dem weiten Blick [...] alleine ist." (H. Horbach)

Ein Turm der Polaritäten, der Spannungen, ein Bauwerk, das mehr ist als Leiter zu einem Aussichtspunkt, sondern gebautes Zeichen von Sehnsucht, Utopie und Hoffnungen.

Die Freiburger scheinen bis heute leidenschaftliche „Turmbauer" geblieben zu sein. Wie der Münsterturm einst, ist der Schlossbergturm heute ein Symbol für bürgerschaftliches Engagement. Ausschließlich Spendengelder Freiburger Bürger und Firmen trugen zur Projektfinanzierung bei.
Ein ausgesprochenes Gemeinschaftswerk also, wie auch die Planung selbst, die in enger Kooperation dreier kreativer Köpfe gelang.

Kapelle
Katholische Akademie
Wintererstraße

Architekturbüro:
Erzbischöfliches Bauamt
Ausstattung:
Alois Landmann

Bauherr:
Katholische Akademie
Freiburg

1967 Umbau 2000

14

Vor dem Umbau der Kapelle war diese durch eine große Öffnung mit dem außen liegenden Flur verbunden. Einerseits ein Symbol der Offenheit, andererseits aber ließ diese Situation die gesammelte Atmosphäre für Einkehr und Ruhe vermissen. Mit genial einfachen Mitteln wurde deshalb eine bauliche Veränderung vorgenommen, die das Symbol der Öffnung nach außen erhält, andererseits aber dennoch einen optisch abgeschlossenen Raum entstehen lässt.

Dazu wurde eine schräge Wand vor die Öffnung gestellt, die den Raum von innen gesehen abschließt, aber dennoch keine Barriere in Form einer Tür verlangt. Der enge, lichtarme, durch die nicht lotrecht stehende Wand Dynamik erzeugende Zugang, der sich jetzt ergibt, macht neugierig und richtet somit eine einladende Geste an Vorbeigehende. Gleichzeitig wird das uralte Thema der Kirchenbaukunst, den Eintretenden aus der Dunkelheit zum Licht zu führen, aufgegriffen.

Die Raumkubatur blieb ansonsten unangetastet, auch die farbigen Glaswände von Rainer Dorwarth wurden erhalten. Die Ausstattung jedoch wurde von dem Bildhauer Alois Landmann ganz neu gestaltet. Sie konzentriert sich auf das Wesentliche und reduziert die For-

men in minimalistischer Strenge. Eine elliptische Anordnung der Sitzgelegenheiten umschließt Altar und Ambo, die in den beiden Zentren der Ellipse ihren Platz finden und dadurch ein polares Spannungsverhältnis aufbauen, das der liturgischen Polarität zwischen dem Wort und dem Mahl entspricht.

Anstelle eines plastisch gebildeten Kreuzes findet sich in der Kapelle ein grob gefügtes Holzrad, das in der Mitte eine Fehlstelle in der Materie aufweist: Das Kreuzsymbol. Mit gleichlangen Armen kann das Kreuz gleichzeitig als Achs- und Antriebpunkt des archaisch anmutenden Holzrades gelesen werden.

Ein weiteres Zeichen der Transparenz nach draußen wird auch durch die Platzierung des Tabernakels geschaffen. Er ist in die schräge Eingangswand eingelassen und durchstößt diese Grenze, um von außen wie von innen sichtbar zu sein. Ein ebenso fundamentaler, wie mutiger Konventionsbruch, bedenkt man, dass der traditionelle Platz des Tabernakels, immer im Chor der Kirche lag, dem durch seine weite Entfernung vom Eingang am besten geschützten Ort.

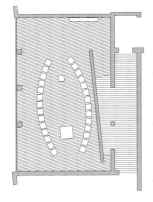

Grundriss mit elliptischer Bestuhlungsvariante

Landratsamt Freiburg
Stadtstraße

Architekturbüro:
Lehmann Architekten

Bauherr:
Landkreis Breisgau
Hochschwarzwald

2005

15

Die Messlatte für den Entwurf des neuen Landratsamtes in direkter Gegenüberstellung zum Ursprungsbau von 1956 war vor rund 50 Jahren bereits sehr hoch gelegt worden, gehört der Altbau doch zum Besten, was in Freiburg aus dieser ebenso prägenden wie identitätsstiftenden Anfangszeit unserer Republik noch erhalten ist.

Der Neubau ignoriert die historisch-städtebauliche Situation nicht, sondern tritt in vielfältiger und sensibler Weise in Korrespondenz zu seinem Nachbarn. Er bildet zusammen mit diesem eine spannungsreiche Eingangssituation zum alten Stadtteil Herdern.

Wie der Altbau präsentiert sich auch das neue Gebäude mit einer Rasterfassade. Und wie damals ist das Raster auch heute funktional motiviert, wenngleich nicht mehr das statische Skelett, sondern thermisch-energetische Funktionen formbestimmend geworden sind.

Eingangszone.

Um eine Kernzone als Sichtbetonriegel, der Funktionsräume, Treppen, Lifte und am nördlichen Ende eine kleine Pflanzenoase aufnimmt, öffnen sich sämtliche Büroeinheiten zum Außenraum. Von dort aus tritt der Baukörper als elegant gegliederter Glaskubus in Erscheinung.

Auf einem Grundmodul von 125 cm basierend, entwickelt sich die Fassade als Addition 399 identischer Kastenfenstermodule. Diese stellen einen zentralen Baustein des bewusst auf Lowtech-Niveau gehaltenen gesamten Energiekonzeptes dar und bilden eine intelligente Gebäudehülle, die ebenso einfach wie effektiv auf die verschiedenen an sie gestellten Anforderungen zu reagieren vermag.

Zwischen Tannenholzrahmen spannen sich zwei Ebenen Glas und dazwischen eingefügte Lichtlenkjalousien, die sich elektronisch in die optimale Position richten, aber auch manuell individuellen Wünschen angepasst werden können. Dieses System erbringt neben einer maximalen Einstrahlungsfläche auch eine optimale Steuerung des Lichteinfalls, bei der die bekannten Probleme und Funktionseinschränkungen außenliegenden Sonnenschutzes überwunden werden.

Das alte Landratsamt von 1956

Als Vertikalgliederung zwischen den Kastenfenstern arrangierte Lüftungselemente ermöglichen durch Nachtlüftung des Gebäudes einen wirksamen thermischen Ausgleich, und erbringen mit den großen, innenliegenden Speichermassen auch während der Sommermonate ein angenehm ausgeglichenes Raumklima. Zum Kern der Funktionsräume addieren sich als Klimaspeicher auch Stützen und Decken, die konsequenterweise unverkleidet in Sichtbeton belassen wurden. Unterstützend wirkt zusätzlich ein klimaaktiver Putz der leichten Bürozwischenwände. Mit seinen eingeschlossenen Wachsperlen kann überschüssige Wärmeenergie durch Schmelzvorgänge ab 23°C absorbiert werden. Das Energiekonzept mit seiner wartungsfreien Fassade erübrigt künstliche Klimatisierung und reduziert gleichzeitig die Energie- und Unterhaltskosten um ein beachtliches Maß.

Der entlang von Mauerzungen aus Klinkern eingezogene Eingangsbereich reagiert städtebaulich differenziert und bildet mit der dort erhaltenen Linde einen freundlichen kleinen Platz aus.

Grundrissdetail der Fassade

Das schlanke Fensterformat wechselt hier sinnfällig in die Horizontale und signalisiert damit Weite. Es mar-

Foyerhalle

kiert, begleitet von der herben Materialästhetik der Klinker, den Bereich von Zugang und Foyer, das sich dahinter als lichte Halle über die gesamte Gebäudehöhe entwickelt. Von einer Lichtkuppel überspannt empfängt sie die Besucher mit repräsentativer Geste in freundlich-heller Atmosphäre und schafft gleichzeitig

Die Motivation zum Rasterbau erschöpft sich nicht in Funktionalität dort angesiedelt erstarrt das Raster schnell in endlos langweiliger Wiederholung immer gleicher Bauteile. Es kann auch eine grundlegende künstlerische Auseinandersetzung mit den Prinzipien von Ordnung transportieren. Als solches wird es seit dem Altertum zum Spiegel geistiger Bestimmtheit und bezeichnet damit die Sehnsucht nach Selbstbestätigung menschlichen Denkens an sich.

eine transparente Sichtachse zwischen dem baumbe-
standenen Vorplatz und dem rückwärtigen Park.

Ein an die Halle angeschlossener und ebenerdig mit
diesem Park verzahnter Konferenzsaal existiert bisher
nur optional in der Planung, da er aus Kostengründen
zunächst noch zurückgestellt wurde.

Beim Neubau des Landratsamtes gelang neben einem
konstruktiv und energetisch beeindruckenden Ergebnis, auch in ästhetischer Hinsicht, eine erfreulich überzeugende Lösung der Problemstellung.

Trotz selbstbewusstem, eigenständigem Auftreten des
Neubaus wird ein ebenso spannendes wie sensibles
Verhältnis zur Umgebung aufgebaut und gleichzeitig
eine richtungsweisende Neuinterpretation grundlegen-
der architektonischer Ordnungselemente erreicht.

Der Bau war das erste gemeinsame Projekt des Vaters
mit seinen beiden Söhnen: Ein vielversprechendes Trio.

*Treppenlauf im Foyerbereich
und Eingangshalle*

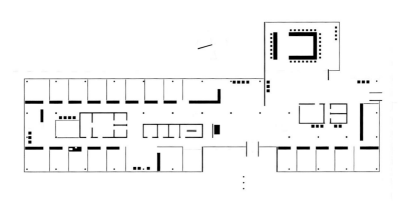

Karl-Rahner-Haus
Habsburgerstraße

Architekturbüro:
Erzbischöfliches Bauamt
C. Hendrich, A. Bauhofer
und N. Seemann,
C. Schwer, J. Zeh

Bauherr:
Erzbischöfiches
Ordinariat Freiburg

2005

16

Der Neubau an der Habsburgerstraße vereint drei theologische Institute, die bisher vereinzelt in Freiburg untergebracht waren: Die Institute für Pastorale Bildung, Religionspädagogik und die Studienbegleitung für Studierende der Theologie.

Der Bau wirkt mit seiner scharfen Konturierung im heterogenen Straßenbild in zweierlei Hinsicht als Blickfang. Da ist die enorme plastische Kraft der kubischen Bauvolumina, die sich weit auskragend bis an die Bebauungsgrenzen vorschieben. Und da ist eine Fassadengestaltung mit Klinkern, die zunächst als Second-Hand-Werkstoff identifiziert werden könnten. Tatsächlich stammen die Ziegel von der letzten Torfbrandziegelei Deutschlands in Niedersachsen. Jeder Stein ist ein Unikat; die Außengestaltung entzieht sich damit der öden Präzision von Industrieware und baut starke haptische Qualitäten auf, die ein „Begreifen" im wörtlichen Sinne nahe legen. In Lebensformen, die sich

mehr und mehr in virtuellen Wirklichkeiten verfangen, gewinnt dieses Moment zunehmend an Bedeutung – eine Bedeutung, die über die bloße Metaphorik weit hinausgeht.

Befremdend wirkt zunächst die Tatsache, dass die Klinker nicht nur an den senkrechten Wänden vermauert sind, sondern auch an den Unterseiten der vorgeschobenen Bauteile weitergeführt werden. Doch der Ziegel ist hier nicht Mauerstein, hat keinerlei statische Aufgaben, sondern wird nur als Gebäudehülle über einem Betonkern verwendet. Insofern ist die eigentliche Funktion des Klinkers konsequent und sinnfällig zum Ausdruck gebracht, wenn diese Hülle den Baukörper allseitig wie eine Haut umspannt.

Im Gegensatz zu der im Lichtspiel flimmernden Dynamik der Klinker sind die Fensteröffnungen in präziser Reihung wie mit dem Skalpell eingeschnitten. Da und dort öffnet sich der Bau dann plötzlich in großflächigen Verglasungen der Umgebung.

Im Inneren wirkt ein Foyer, das sich über drei Stockwerke erstreckt als Zentrum und gleichzeitig als Scharnier zwischen den einzelnen Funktionsbereichen: Individualräume wie Büros und Gästezimmer im langgestreckten Osttrakt entlang der Johanniterstraße, Grup-

Eingangshalle. Rechts die Treppenskulptur – wie aus einem Stück gegossen.

penräume wie Meditations- und Seminarräume im Gebäudekopf im Westen an der Habsburgerstraße. Ganz oben noch ein großer Saal mit schräg eingesetztem Panoramafenster, das sich dem parallel vorbeiflutenden Verkehr zu verwehren scheint.

Über die Kommunikationsfunktion hinaus kann die große Halle mit ihrer abgestuften Topografie und der eingehängten Treppenskulptur auch als Veranstaltungsbühne dienen.

Und dann ist da noch das eigentliche Zentrum des Hauses: die Kapelle, an der südwestlichen Ecke gelegen, deren Volumen sich von außen genau ablesbar, subtil aus den anderen Kuben herausschält. Mächtige Unterzüge dominieren ihre Deckenkonstruktion und bilden ein monumentales Kreuzzeichen über dem Altarbereich. Ihre statische Funktion ist die Lastaufnahme der Hebelkräfte des weit vorspringenden Kubus an der Habsburgerstraße. Indirektes Licht von oben überflutet den Altarbereich – die Lichtquelle selbst bleibt dem Auge verborgen. Auch zur Straße gewendet gibt es ein Fenster, von der Berliner Künstlerin Hella Santa-

Betonträger in der Kapelle

rossa entworfen. Wie anders formuliert wird dieses „profane" Licht: Bruchstücke aus banalem Gebrauchsglas liegen zwischen Glasscheiben gefangen und häufen sich zu kristallinen Formen – in der Lichtwirkung sicherlich bewusst nicht unähnlich den Lanzettfenstern, die gotische Kirchenschiffe in mystisch farbiges Licht tauchen. Allerdings ist die Wirkung des farbigen Lichts heute nur noch eine ferne Erinnerung an die mystische Geisteswelt jener früheren Epochen. Ambo und Altar sind Entwürfe von Klaus Simon.

Der Bau ist kantig und klar wie der namensgebende Dogmatiker Karl Rahner selbst: Überzeugungsstark und unangepasst.

Straßenseitiges Lanzettfenster

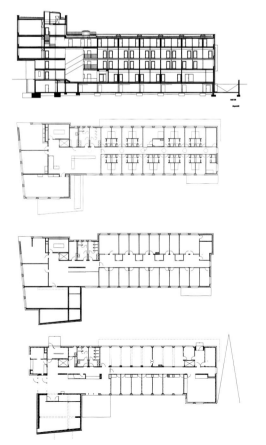

Schnitt

3. Obergeschoss

2. Obergeschoss

Erdgeschoss

**Südwestmetall
Verband der Metall-
und Elektroindustrie
Lerchenstraße 6
Herdern**

**Architekturbüro:
Dominik Dreiner
mit Mike Maisch,
Yvonne Edler**

**Bauherr:
Südwestmetall**

2003

17

Umbau eines Betonskelettbaus aus den 60er-Jahren: Auf Rohbauniveau zurückgestutzt erhält der Altbau ein neues Raumkonzept, eine neue Außenhaut und wird um ein zurückspringendes Attikageschoss erweitert. Nichts Besonderes also?

Der Gebäudekubus scheint vollkommen aus Glas erbaut zu sein und ist mit einer feingliedrigen Lamellenkonstruktion aus Aluminium verhüllt. Inmitten der schweren Plastizität gründerzeitlicher Baucharakteristik Herderns ein regelrechter Kometeneinschlag: Leicht, filigran, transparent. Dennoch wird weder die Struktur, noch der Maßstab der Umgebungsarchitektur gesprengt.

Die Lamellenfassade dominiert die äußere Erscheinung, fungiert jedoch nicht als Schattenspender. Diese Funktion übernehmen gewöhnliche Außenrollos, die sich unauffällig hinter den Aluminiumelementen verstecken.

Die Metallhaut vertritt, neben ihrer Funktion als Sichtschutz, vor allem Repräsentationsansprüche des Auftraggebers – zelebriert durch eine bewusst vollzogene Abtrennung von den „Niederungen" funktionaler Be-

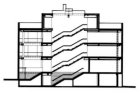

Längsschnitt

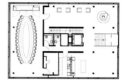

Erdgeschoss

stimmungen hinauf in die „Höhen" ideeller Sphären. Elektronisch gesteuertes Öffnen der gesamten Fassaden in horizontalen Streifen, soll als visuelle Demonstration von Flexibilität und Offenheit des Gebäudes, respektive des Metallverbandes gelesen werden. Im Inneren erzeugen sie ein feines Spiel aus Licht und Schatten, das man aus verschatteten Räumen mediterraner Regionen kennt.

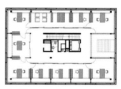

1. Obergeschoss

Abgesehen von tragenden Innenwänden aus Beton, die vollflächig mit Aluminiumplatten verkleidet sind, trennen die um den Gebäudekern gruppierten Büroflächen nur Glaswände. Die Idee von Transparenz und Leichtigkeit wird dabei so weit getrieben, dass die durchlaufende Bodenfläche nicht von Schrank- oder Regalelementen zerschnitten wird, sondern diese, mit den Glaswänden verschraubt, gleichsam im Raum schweben. Fast das gesamte Mobiliar kreierte die Ideenschmiede des Architekturbüros – natürlich mit Aluminiumoberflächen. Ein futuristisch anmutender Kanon aus Glas und Metall, dem der graue Granit der Böden den nötigen Halt verleiht.

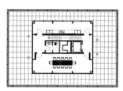

4. Obergeschoss

Das offene Bekenntnis zu einem Gestaltungswillen fernab funktionaler Begründungen offenbart ein signifikantes Merkmal einer Richtung zeitgenössischer Architektur: Ein Verlassen der unbedingten Maxime „form follows function", die Louis Henry Sullivan als Ahnherr des Funktionalismus der Moderne einst mit auf den Weg gegeben hat.

**Albert-Ludwigs-
Universität Freiburg**

Die Stadt in der Stadt

**Bauherr:
Land BW
vertreten durch
Universitätsbauamt
Freiburg**

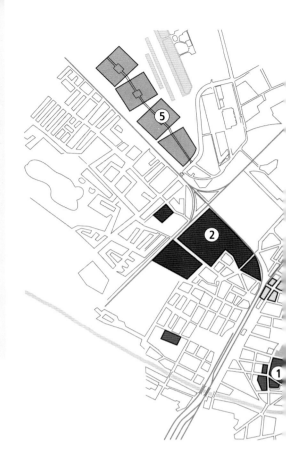

Nicht nur dass die Universität mit ihrem eigenen Bauamt in Freiburg der mit Abstand größte Auftraggeber
im Bausektor ist, auch das über Jahrhunderte entstandene Gebäudeensemble, verteilt auf sechs Gebiete, bildet längst differenzierte Implantate, die als eigenstän-
dige und dominante städtische Gefüge bezeichnet
werden müssen.

2007 wird das 550-jährige Bestehen der Universität
gefeiert werden und ein Rückblick zeigt, dass Freiburg
sich nicht nur einen Spitzenplatz in unserer Hochschul-
landschaft erarbeiten konnte, sondern sich darüber
hinaus einiger problematischer Entwicklungen anderer
Hochschulstädte enthalten konnte. In baulicher Hinsicht sind dabei vor allem zwei Dinge wichtig: Freiburg

1 Universitätszentrum/Geistes-
   wissenschaften

2 Universitätsklinikum

3 Institutsviertel, Naturwissen-
   schaften

4 Biologie/Botanischer Garten/
   Außenkliniken

5 Angewandte Wissenschaften

6 Sportzentrum

setzte nicht auf den Campus, sondern hielt am Prinzip der Stadtuniversität fest. Damit bildet diese heute noch wie zu Gründungszeiten im 15. Jahrhundert einen integralen Bestandteil der Stadt – ein Umstand, der keinesfalls nur städtebaulich und organisatorisch beurteilt werden sollte, sondern vor allem auch für Studierende und Lehrende Qualitäten bietet, die heute meist nicht mehr selbstverständlich sind. Dieses Festhalten an der Stadtuniversität geht einher mit einer erfreulichen Wertschätzung des historischen Baubestandes aller Epochen, die derzeit in umfangreichen Sanierungstätigkeiten ihren Niederschlag findet: Eine Herkulesaufgabe, die keineswegs selbstverständlich ist und deshalb höchste Anerkennung verdient.

**Albert-Ludwigs-Universität Freiburg
Universitätszentrum
Geisteswissenschaften**

**Architekten:
KG I und KG II:
Schäfer – Theissen –
Kaelble – Albanbauer**

**Mensa 1
Universitätsbauamt
Freiburg**

**Bauherr:
Land BW vertreten
durch das Universitäts-
bauamt Freiburg**

2000-2005

18

Eine ganze Reihe von Sanierungsmaßnahmen waren für die Universität in jüngster Vergangenheit auch im Zentrum zu bewältigen. Sicherlich sind hier die Schwierigkeiten andere als bei naturwissenschaftlichen Instituten, doch gilt es natürlich auch hier ein Höchstmaß an Sensibilität für die historische Bausubstanz zu entwickeln.

Technisch am schwierigsten zu lösen war sicherlich die Anpassung der Mensa I, die vollkommen umorganisiert und mit modernster Technik ausgestattet wurde. Doch der großartige Bau aus den 60er-Jahren hat die Aufrüstung gut überstanden. Bausubstanz und Charakter des Gebäudes konnten weitgehend erhalten werden. Erfreuliche Ergebnisse zeigt aber auch die Sanierung

Aula KG I. Die Wände wurden bei der Sanierung als Gedenktafeln für die Opfer der Universität während des Nationalsozialismus gestaltet.

des KG I. An einer Stelle im Flur konnte durch Zufall hinter einem abmontierten Getränkeautomaten das ursprüngliche Reliefband der Wandsockel gefunden und daraufhin mit originalen Gußformen wiederhergestellt werden. Aula und großer Hörsaal erstrahlen nach argen Entstellungen wieder im alten Glanz. Die von manchen nicht sehr geschätzte Architektur von Hermann Billing zeigt plötzlich bisher wenig beachtete Qualitäten.

Ein Schmuckstück der Instandsetzungsarbeiten im Universitätszentrum stellt die Sanierung des KG II, eine

Audimax mit geöffneter Rückfront und Belichtung von oben.

Planung des Architekten Otto-Ernst Schweizer aus den späten 50er-Jahren dar, die erst am Anfang der 60er-Jahre realisiert werden konnte.

Als erster Stahlskelettbau war das Gebäude einst eine Sensation, obwohl das Stahlskelett mit Sandstein ummantelt der baulichen Umgebung angepasst wurde. In der Aula wurde nichts verändert, sondern behutsam restauriert, so dass wieder der ursprüngliche, hinreißende Raumeindruck erlebbar geworden ist.

Einige Veränderungen hingegen gab es im größten Hörsaal der Universität, dem sogenannten Audimax. Den heutigen Bedürfnissen nach natürlich belichteten Hörsälen kam wieder der Zufall entgegen. Alte Pläne von Schweizer zeigten, dass die Fassade zur Berthold-straße einst mit großzügiger Verglasung geplant war. Warum diese nicht zur Ausführung kam, der Hörsaal ganz auf künstliche Beleuchtung angelegt wurde, ist unbekannt, wenngleich vermutet werden darf, dass hier ein neuer Trend aufgegriffen wurde, der den Hörsaalbau der kommenden Jahre bestimmen sollte.

KG II mit neuer Verglasung des Audimax. Die Streifen zwischen den tragenden Fassadenrippen waren einst geschlossen.

Die originale Verglasung der Rückfront wurde also zwar in den 50er Jahren geplant, jedoch erst 2002 realisiert, was sich überaus positiv auf den Raumeindruck auswirkt. Eine Veränderung erfuhr der Fußboden, wo das bauzeitliche, schwarze Linoleum durch dunkelgrauen Granit ersetzt wurde. Ansonsten wurde fast alles beim Alten gelassen, bzw. auf die Originalsubstanz zurückgebaut. Nur statt der Einzelbestuhlung des unteren Ovals wurde zugunsten des Platzangebots wie vor der Sanierung durchgängig bestuhlt, was den ursprünglich vom Architekten angestrebten Theatereffekt auch weiterhin etwas einschränkt.

Die gravierendste Veränderung gab es beim Hörsaal 1010. Seine Ausrichtung wurde um 180° gedreht, um den Platz des Referenten nicht mehr neben der Eingangstür zu haben.

Institut für Umweltmedizin und Krankenhaushygiene
Breisacher Straße

Architekturbüro:
Pfeifer, Roser, Kuhn

Bauherr:
Land BW vertreten durch Universitätsbauamt Freiburg

2006

19

Mit dem neuen Institutsbau, der zusammen mit der daneben realisierten Pathologie zum ersten Bauabschnitt der geplanten Institutsspange des Klinikums an der Breisacher Straße gehört, wird nicht nur hinsichtlich medizinischer, sondern auch baulicher Kategorien Neuland betreten.

Ziel war die Entwicklung eines Laborgebäudes, das den extrem hohen Energiebedarf dieses Gebäudetypus um bis zu 70% reduziert. Dabei setzt der Entwurf auf passiv gewonnene Energie aus natürlichen Ressourcen: Solare Einstrahlung und Erdwärme. Kein High-Tech-Gebäude, sondern Einsatz regenerativer Energien auf Low-Tech-Niveau, ein Konzept, das den Gedanken der Nachhaltigkeit weitorientiert umsetzt.

Der Bau ist als Dreibünder angelegt: Nach Norden orientiert sind die Labore, die von Installationsschächten versorgt werden, die vor die Fassade gestellt sind. Revisionsbalkone zwischen den Schächten ermöglichen Wartung, Reparatur und Nachrüstung, ohne den Laborbetrieb zu beeinträchtigen. In der Mitte des Ge-

Das System aus Energiegärten und Kollektorwänden leistet neben der Beschaffung von Wärmeenergie auch die Versorgung des Gebäudes mit Frischluft – was bei Laboren mit Reinraumqualität S2 normalerweise eine sehr energieaufwändige Sache ist, denn hier ist stündlich ein 8-facher Luftaustausch gefordert.

bäudes befindet sich eine Verteilerzone mit Treppen, Liften, Lüftungsschächten und offenen Kommunikationsflächen. Im Süden sind dann die Büroflächen angesiedelt.

Das Energiekonzept des kompakten Baukörpers ruht im Wesentlichen auf zwei Säulen: Zum einen werden die Räume durch Bauteilaktivierung dicker Betondecken mit vorgekühltem, bzw. vorgewärmtem Wasser aus einem Erdregister temperiert. Zum anderen wird die Strahlungsenergie der Sonne an der vollkommen verglasten Süd-Fassade passiv genutzt. Drei Energiegärten in Form bepflanzter Glastürme, die sich über drei Stockwerke erstrecken und in den Grundriss integriert sind, ohne aus der Fassadenflucht hervorzuspringen, sammeln nicht nur solare Wärme, sondern geben der Bürozone eine hochwertige Atmosphäre und bewirken darüber hinaus eine stockwerksübergreifende Kommunikation innerhalb der Räumlichkeiten. Die übrigen Flächen der Süd-Fassade sind als verglaster Kollektor mit wärmespeichernder und dämmender Brettstapelwand ausgebildet. Im Winter kann das Gebäude von hier aus mit solar gewonnener Warmluft versorgt werden, die über ein Schachtsystem im Inneren wieder abgeführt wird – nicht ohne einen Wärmetauscher zu passieren, der die angesaugte Frischluft vortemperiert. Was bei extremen Witterungsbedingungen im Winter an zusätzlichem Heizungsbedarf notwendig wird, leisten kleine Zusatzheizkörper, die von einem Blockheizkraftwerk versorgt werden. Im Sommer wird der Südwand-Kollektor oben geöffnet: Ein Kamineffekt saugt dann die verbrauchte Raumluft nach draußen.

Neben den energetischen Innovationen des Bauwerks, das Entwerfer wie Beobachter mit Spannung auf die Ergebnisse des laufenden Betriebs warten lassen, gelang mit dem Neubau auch in ästhetischer Hinsicht ein funktionierender, architektonischer Kanon, der mit einem ansprechenden Raumkonzept und überzeugender Detailplanung aufwarten kann.

Der in den 30er- und 40er-Jahren in traditionellen Formen erbaute Lorenzring, Kernstück des Klinikums, wurde wegen des Krieges nie ganz fertiggestellt. In den 50er-Jahren galt dann eine völlig andere städtebauliche Auffassung, der der Lorenzring fast zum Opfer gefallen wäre. Erst in den 90ern erfuhr er erneut Wertschätzung, so dass ein Konzept zum Erhalt entwickelt wurde. Die historische Bebauung wurde zum reinen Bettentrakt, an den rückwärtig die verkehrstechnisch gut erschlossenen Technikbereiche angedockt werden konnten. Nach Süden wurde das strenge Karree entlang des Neurozentrum erweitert und bekam eine neue städebauliche Achse, die jetzt von der Institutsspange mit den Neubauten der Umweltmedizin und der Pathologie abgeschlossen wird.

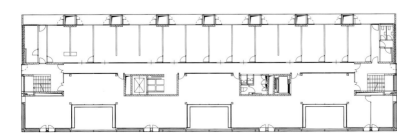

**Albert-Ludwigs-
Universität Freiburg
Institutsviertel
Zentrum für
Neurowissenschaften**

**Architekten:
Melder und Binkert**

**Bauherr:
Land BW vertreten
durch das Universitäts-
bauamt Freiburg**

1996

20

*Filigrane Betongesimse dienen
als Verschattungselemente bei
steil stehender Sonne im Sommer und ergänzen des vertikale
Gliederungssystem der Tragwerksrippen. Die bauzeitlich re-
alisierte zu geringe Betonüber-
deckung der Armierungseisen
wurde durch spezielle Beton-
qualitäten und entsprechenden
Anstrich ausgeglichen.*

Das Festhalten an einer Stadtuniversität, die Entscheidung gegen den Campus bringt natürlich trotz vieler
Vorteile auch Schwierigkeiten mit sich: Altbausubstanz
muss renoviert werden, und wer einmal erlebt hat, wie
ein naturwissenschaftliches Institutsgebäude, vollge-
stopft mit Technik, bei laufendem Betrieb umgebaut,
den neuesten Standards angepasst werden muss, der
weiß um diese Problemstellung. Viele Baufachleute
lehnen diesen Weg denn auch kategorisch ab mit dem
Hinweis auf die Unmöglichkeit eines solchen Vorha-
bens. Das Freiburger Bauamt beweist, dass es trotzdem geht; sicherlich mit vielen Opfern und Durststre-
cken für alle Beteiligten, aber dennoch mit einem Ergebnis, das sich sehen lassen kann.

Einige Bauten aus den 50er-Jahren sind hier in einer
Qualität restauriert und, bei allen notwendigen Eingrif-
fen, teilweise auf ihre ursprüngliche Bausubstanz rück-
gebaut worden, die seinesgleichen sucht. Freiburg
kann sich wirklich glücklich schätzen, dadurch zumindest im universitären Sektor eine wichtige Geschichts-
epoche in baulichen Zeugnissen erhalten zu können.
Leider wird anderen hervorragenden Baulichkeiten aus
dieser Zeit weniger Achtung entgegen gebracht und einige scheinen in naher Zukunft unwiederbringlich verloren zu gehen.

Beispielhaft für diese Haltung seitens der Universität
sei hier die Renovierung des ehemaligen Instituts für
Biophysik und Strahlenbiologie – heute Zentrum für
Neurowissenschaften – vorgestellt.

Um die Reinraumqualität S2 zu erreichen, mussten die Wände reinigungsfreundlich gestaltet werden – ein Problem für alte Klinkermauern. Eine hauchdünne gläserne Vorsatzschale in feinen Stahlprofilen bringt hier einen akzeptablen Kompromis zwischen dem historischem Schauwert, der Reversibilität und den Hygieneanforderungen.

Eines der am schwierigsten zu lösenden Probleme stellt bei solch einer Sanierung natürlich immer das Unterbringen der Technik und deren Erschließungswege dar. In den 50ern wurde dafür ein besonderer Bautyp entwickelt, der sämtliche Leitungssysteme zwischen paarweise angeordneten Tragwerksrippen führte. Anfangs noch sehr eng angeordnet, mussten diese Doppelträger dann in immer weiterem Abstand gestellt werden, um dem ständig steigenden Installationsbedarf zu genügen. Heute ist der außen ablesbaren Abstand der Tragwerksrippen für den Bauhistoriker einen guten Anhaltspunkt für eine ungefähre Datierung. Freilich werden heute ganz andere Wegeführungen für die Installation bevorzugt, die an anderen Universitätsbauten auch vorgestellt werden sollen.

Die Außenansicht ist bei der Sanierung weitgehend unbeeinträchtigt geblieben und zeigt den ursprünglichen Zustand. Gekämpft wurde beispielsweise um die Schlankheit der horizontalen Betonprofile, die nicht mehr heutigen Standards entsprechen. Um so lobenswerter ist es, dass man es mit viel Überlegung und Kreativität ermöglichte, den schlanken Querschnitt zu erhalten, der für den Gesamteindruck von entscheidender Bedeutung ist.

Die Technik wurde weitgehend in ein neues Attikageschoss gepackt, das so weit von der Fassadenkante zurückspringt, dass es von der Straße aus kaum wahrnehmbar ist.

Ein neues Fluchttreppenhaus wurde bewußt nicht außen angebaut, sondern durch Opferung eines Raumes in das Gebäude integriert.

Klinkermauerwerk auf hellem Terrazzo. Die Architekten der 50er-Jahre waren Meister haptischer Materialwirkungen.

**Albert-Ludwigs-Universität Freiburg
Institutsviertel
Pharmazie /
Pharmakologie**

**Architekturbüro:
Jana, Broghammer,
Wohlleber**

**Bauherr:
Land BW, vertreten
durch Universitätsbauamt Freiburg**

Baujahr 1998–2001

21

Um Kosten für die enorm gestiegenen Ansprüche an die technische Installation zu reduzieren, werden die Institutsgebäude heute in zonierter Bauweise ausgeführt. Nur noch ein Teil, hier der Straßenflügel, erhält alle Installationsmöglichkeiten zur Laboreinrichtung. Alle übrigen Flächen nehmen Seminar- oder Büroflächen auf, die naturgemäß einen geringeren Bedarf an Infrastruktur bedingen. Diese zonierte Flächenplanung mit dezentralen Versorgungsschächten wird unter Fachleuten als der „Freiburger Typ" bezeichnet.

Der Typus des Gebäudes findet sich bereits im Materialforschungszentrum schräg gegenüber, das bereits in den 90er-Jahren realisiert wurde. Doch während sich dieses zur Straße hin öffnet, wurde beim neuen Institutsgebäude eine „harte" Straßenfront und eine "weiche" Rückfront gewünscht, die sich der dahinterliegenden, weitläufigen, vom Gewerbebach durchflossenen Grünzone öffnet. Mit der Straßenfront dagegen findet das dahinterliegende Institutsgebiet an dieser Stelle einen Abschluss.

Diese weiche Rückfront wird durch zwei gläserne Treppentürme gegliedert, zwischen denen der scharf geschnittene, schwere und geschlossene Betonblock des Hörsaales hängt. Ein stimmiges Proportionsgefüge ergibt hier einen lockeren Kanon aus Stahl, Glas und Beton, der sich in gelungener Weise mit der grünen Umgebung verzahnt.

Die Offenheit dieser Partie wird an der Albertstraße weitergeführt. Es ergibt sich somit eine Diagonalbeziehung zum schräg gegenüberliegenden Materialforschungszentrum.

Bei der „harten" Straßenfassade setzten die Architekten auf den Kontrast mit der vielfältigen Umgebungsarchitektur. Da sind sensible, materialbetonte Fassaden der 50er-Jahre. Da sind die plastischen Gliederungen der Bauten des ausgehenden 19. Jahrhunderts. Ein größerer Gegensatz, als die an Bauhaus-Gestaltung erinnernde Straßenfassade und die detailreich verzierte Umgebung lässt sich kaum denken.

Im Inneren wird man von einem weiteren Überraschungseffekt empfangen:

Eine weite, lichte Halle öffnet sich völlig unerwartet, denn von außen ist dieses großzügige Foyer nicht ablesbar, da es sich zwischen dem straßenseitigen Labortrakt und dem parkseitigen Hörsaal verbirgt. Wirklich feine Planung, die konsequent bis in die Details durchdacht ist, vermittelt ein erfreuliches Erlebnis und lässt einen Besuch des Institutsneubaus zu einem spannenden und überaus lohnenden Ausflug auf den Spuren des neuesten Freiburger Architekturgeschehens wer-

den. Die Kontraste, die im Straßenbild erlebbar sind, werden auch im Inneren regelrecht inszeniert. Immer wieder öffnen sich Ausblicke auf die historische Sandsteinarchitektur des direkten Nachbarn.

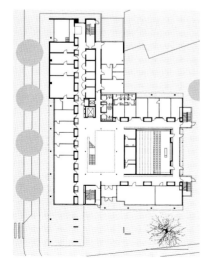

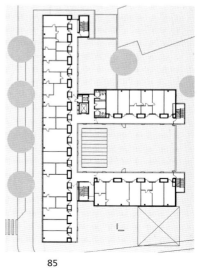

ZBSA Zentrum für Biosystemanalyse Habsburger Straße

Architekturbüro:
Hascher Jehle

Bauherr:
Land BW vertreten durch Universitätsbauamt Freiburg

Fertigstellung 2007

22

Stellvertretend für das Biologikum soll hier ein Neubau vorgestellt werden, der derzeit erst im Entstehen ist. Ziel der Planung ist, die ausdrückliche Förderung insbesondere der fach- und fakultätsübergreifender, interdisziplinären Zusammenarbeit der Wissenschaftsbereiche Genomik, Proteomik, Metabolomik, Bioinformatik und anderen.

Dort, wo einst die Kompostierflächen der Gewächshäuser standen, entsteht mit dem Zentrum für Biosystemanalyse ein langgestreckter Neubau, der eine neue, eindeutige Begrenzung des Botanischen Gartens abgeben wird. Dieser soll zukünftig bis an den Neubau herangeführt werden. Das Schaugewächshaus, das unlängst durch ein modernes Anzuchtgewächshaus ergänzt wurde, wird freigestellt, das gesamte Areal neu geordnet.

Der Gebäudegrundriss gliedert sich in klar definierte Funktionsbereiche: Im Westen gemeinschaftlich genutzte, relativ niedrig installierte Bereiche, im Osten die hochinstallierten Laborräume. Verbunden werden die beiden Funktionsbereiche durch eine etagenüber-

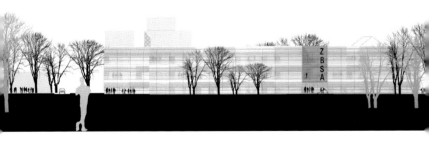

Ansicht Nord

greifende Spange, die sich über vier Geschosse erstreckt und als Kommunikationszone mit Küchenzeilen und Sitzgelegenheiten zum Verweilen und informellen Austausch unter den Wissenschaftlern einlädt.

Das tragende System wird als Stahlbetonskelett ausgeführt. Dazwischen trennen lediglich leichte, in Trockenbauweise errichtete Wände die einzelnen Räume. Ein dezentrales Schachtsystem, das sich am Gebäuderaster ausrichtet, ist bewusst so dimensioniert, dass bei zukünftigen Nachinstallationen keine substanziellen Eingriffe in das Baugefüge notwendig werden.

Die Fassade wird als Stahl-Pfosten-Riegel-Konstruktion mit liegenden Glasfeldern im Format 3.60 m x 0.63 m ausgeführt werden, was dem Gebäude eine ruhige, horizontal fluchtende Note verleiht. Das Achsmaß von 3.60 m ergibt sich aus der kleinstmöglichen Breite eines Laborraumes, der bei Bedarf modular erweitert werden kann. Der Eingangsbereich springt leicht von der Gebäudekante zurück, wobei die Fassadenflucht durch drehbare, gläserne Lamellen wieder aufgenommen wird. So entsteht hier ein geschützter, halboffener Bereich, der eine erhöhte Aufenthaltsqualität für die dahinterliegenden Kommunikationszone verspricht.

Im Süden wird dem Gebäuderiegel ein Bürotrakt vorgelagert, dessen monolithisch wirkenden Fassade aus unbehandelten Lärchenholzlamellen nicht nur den geforderten Sonnenschutz gewährleistet, sondern darüber hinaus einen lokalen Bezug herstellt, nämlich zur traditionellen Bauweise der Schwarzwaldscheunen.

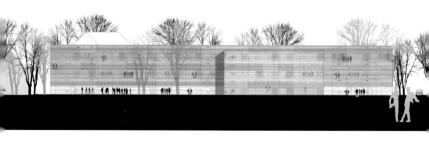

Ansicht Süd

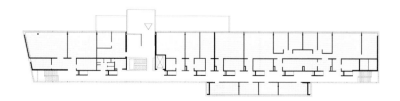

Albert-Ludwigs-Universität Freiburg
Angewandte Wissenschaften
Architekturbüros:
Labor-, Forschungs- und Technologiegebäude:
ArGe Architekten:
Harter + Kanzler
Jana, Broghammer, Wohlleber
Lehrgebäude:
Universitätsbauamt Freiburg: Rippel, Erler, Magzinivic, Homberger

Trafostation: Rippel

Umbau der Kasernen: Melder und Binkert

Bauherr:
Land BW vertreten durch Universitätsbauamt Freiburg
1999 / 2000

23 24 25

Eine nach dem Freiburger Nobelpreisträger Georges-Köhler-Allee benannte Straße durchzieht das neue Institutsviertel am Flugplatz als „Lebensader". Auch ein begehbarer Installationsschacht ist hier eingegraben. Die rätselhaften, schwarzen Streifen auf dieser Straße bilden einen Strichcode, der das Universitätsgebiet benennt: Angewandte Wissenschaften!

Realisiert ist bisher lediglich eines der vier hintereinander gestaffelten Bebauungsfelder, die so gegeneinander verschränkt wurden, dass die Erschließungsader einen leicht gebrochenen Verlauf nimmt. Ausgerichtet auf die Altstadt wird mit dieser Achse eine symbolische Verbindung zur Freiburger Kernstadt geschaffen.

Die Eingangszone gestaltet sich als keilförmiges Entree des neuen Universitätscampus, wobei das einzeln stehende Lehrgebäude die Funktion eines Torhauses übernimmt. Unauffällig begleitet wird diese Diagonalrichtung von der abgerückt stehenden Trafostation. Mit ihrer dynamischen Form wirkt sie wie ein am Geröllufer gestrandeter Dampfer und vervollständigt das städtebaulich sehr gelungene Eingangsmodul unauffällig und überzeugend.

Es lohnt sich, den Campus durch dieses „Torhaus" zu betreten, sowohl der Halle, als auch eines interessanten Hörsaales wegen, der in der nordöstlichen Ecke platziert ist.

Das keilförmige Entree mit Dekanatsgebäude

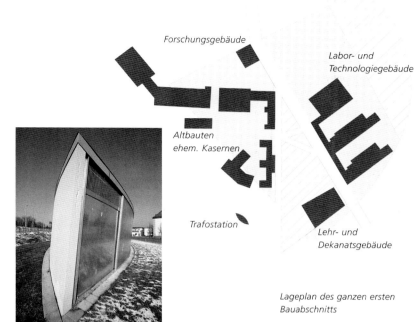

Forschungsgebäude

Labor- und
Technologiegebäude

Altbauten
ehem. Kasernen

Trafostation

Lehr- und
Dekanatsgebäude

Trafostation

Die Aluminiumlamellen an der Fassade haben die Aufgabe an der Nord- und Ostseite Licht ins Innere des Gebäudes zu reflektieren.

Gleich am Entree des Campus, quasi als programmatischer Auftakt, die Installation „Jump and Twist" des Künstlers Dennis Oppenheim:

Aus der südlichen Ecke des spitzwinkligen Geländezuschnitts kriechen aus einem nacheiszeitlich anmutenden Geröllfeld technoide, geflügelte Amphibien, um begleitet von einer sukzessiven Metamorphose der Gesteine und des Untergrundes – vom ungeformten Geröllbrocken zum Formstein, vom Geröllfeld zum exakt verlegten Plattenbelag – die gläserne Membran zu durchstoßen und schließlich, mutiert zu virtueller Erscheinung, im High-Tech-Schuppen eines „Forschungslabors" zu landen. Das ganze Szenario mutiert damit zum Sinnbild technischer Entwicklung und fortschreitender Vergeistigung materieller Gegebenheiten.

Lageplan des ganzen ersten
Bauabschnitts

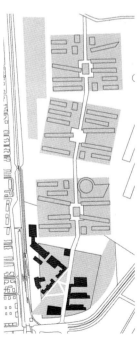

Die vier Bebauungsfelder

Im Westen schieben sich die alten Kasernengebäude langsam an die Mittelachse. Im Osten reihen sich kammartig mit der Landschaft verzahnt die Labor- und das Technologiegebäude. Sensibel antworten die drei Zeilen auf die drei Risalite der historischen Bebauung, die heute restauriert und ins Universitätsensemble in-

Labor- und Technologiezeilen

tegriert sind. Elegant verbinden schlanke Brücken die drei Zeilen, deren Fassadengestaltung die inneren Funktionen transparent werden lassen.

Auf schmalem, zurückspringendem Sockel wirkt der in Glas gehüllte, würfelförmige Fakultätsneubau am Ende des ersten Bebauungsfeldes und abgerückt von den anderen Bauten noch wie ein in das Gelände geworfener Solitär. Erst in weiteren Bauabschnitten wird er seine städtebauliche Einbindung finden. Eine Pyramide wäre noch abstrakter gewesen. Sie zeigt sich beim Umschreiten im Umriss stets als gleichschenkliges Dreieck. Ein Würfel verändert dabei zumindest die Richtungen der Horizontalen, nimmt also individuelle Formen an. Weniger abstrakt also der Würfel, doch bekanntermaßen leichter zu möblieren.

Die Funktionen, die sich im Raumprogramm wiederfinden, sind universell gedacht, abstrakt wie der Baukörper selbst, der Möglichkeit nach vorhanden. Vom Seminarraum über Büros bis hin zum Forschungslabor ist

alles denkbar und bei der Planung bereits mitberück-
sichtigt. Multifunktional, flexibel und allgemein.

Wie ein Bootssteg weist die flache Rampe auf die
gegenüberliegende historische Bebauung der ehemaligen Franzosenkaserne mit ihrem neuen Aufzugsturm
und lässt den scharf geschnittenen Kubus mit dem zu-
rückspringenden Sockelgeschoss im Gelände schwimmen.

Absolute Nüchternheit bestimmt auch das Innere: Holz
für die Böden, Sichtbeton für die tragenden Wände
und Stahl für das Treppenhaus – größere Materialviel-
falt würde der in abstrakter Form eingefangenen Be-
liebigkeit der funktionalen Bestimmung widerspre-
chen.

Die auffällige Zeilengliederung der weiteren Bebauungsfelder ist dem Willen geschuldet, die Luftströmun-
gen von Nord nach Süd, zum angrenzenden Wohnge-
biet Mooswald zu erhalten.

*Oben: Treppenhaus des
Forschungsgebäudes
Unten: Forschungsgebäude*

Olympiastützpunkt Freiburg mit Leistungszentrum für Ringen Schwarzwaldstraße

Architekturbüro: Harter + Kanzler Projektarchitekten: Frank Heinz, Marco Erler

Bauherr: Trägerverein Olympiastützpunkt Freiburg-Schwarzwald

2004

26

Der Entwurf des neuen Olympiazentrums im universitären Sportgelände besticht in mehrerlei Hinsicht. Zunächst verstanden es die Architekten, den Altbaubestand in Form des vorhandenen Erschließungsstegs und der dahinterliegenden Tribüne überzeugend in den Neubau zu integrieren. Ein Erfolg, der nicht nur Kosten spart, sondern auch eine harmonische Verbindung von Alt und Neu leistet. Der Neubau positioniert sich damit selbstbewusst und wie selbstverständlich zwischen den Klinkerkuben der 30er- und der Sporthalle aus den 70er-Jahren. Er öffnet sich der Geländemodellierung folgend auf zwei Ebenen. Nach Süden zur Schwarzwaldstraße für Besucher, nach Westen zum tieferliegenden Stadionbereich für die Sportler. Ein offenes Atrium, um das sich die regenerativen Bereiche, sowie Aufenthalts- und Verwaltungsräume gruppieren, verbindet beide Ebenen miteinander. Der Innenhof wirkt wie ein vermittelndes Gelenk zwischen den beiden Richtungen und Ebenen und ist in Konsequenz dazu als Zentrum und Kommunikationszone konzipiert.

Dahinter fügt sich die große Sporthalle an, die durch

Haupteingang Süd

eine geschickte Konstruktion im Bereich der Stahlträger Oberlichtstreifen frei gibt. Die alte Betontribüne greift weit in die neue Sporthalle ein und kann damit nun in ihrer ursprünglich geplanten Funktion genutzt werden.

Großer Wert wurde auf die Belichtung der Kraftsportbereiche gelegt. Das Image der früher meist unterir-

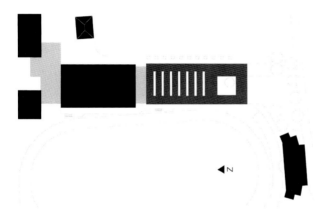

◀N

disch angelegten „Folterkeller" sollte radikal umgekrempelt werden. In helles Licht getaucht und mit starkem Außenbezug verteilen sich die Sportgeräte auf einer Galerie entlang der Halle.

Wer die Bauten der ausführenden Architekten bisher als eher streng und trocken empfand, dem sei ein Besuch des neuen Olympiastützpunktes empfohlen: Die klaren Formen fügen sich leicht und dynamisch in die Topografie und in die Schwarzwaldsilhouette ein und transportieren jene gesteigerte Eindringlichkeit, die einer radikalen formalen Beschränkung innewohnen kann.

Atrium

Gästehäuser
der Universität
Goethestraße 33-35

Architekturbüro:
Hubert J. Horbach

Bauherr:
Universität Freiburg,
vertreten durch Univer-
sitätsbauamt Freiburg

2003

27

Westseite mit Balkonen.
Ostseite mit Erschließung und
Foyer

Hinterhofbebauung: Assoziationen an enge, dunkle Bauschluchten, Batterien von Mülleimern, graues Grün und Garagen. Dass es auch anders geht, beweisen die neuen Gästehäuser der Universität. In lockerem Rhythmus stehen hier vier zweigeschossige Pavillonbauten, die auf jedem Stockwerk ein exklusives Appartement für Wissenschaftler beherbergen. Das Gelände atmet frei: Anstelle der üblichen Abschottung gegenüber dem Nachbarn, wird hier eine kleine parkartige Kommunikationszone zum Vorderhaus geschaffen, die vom Spannungsgefüge zwischen Bauvolumen und Freifläche geprägt ist.

Die Neubauten wurden in die alte Substanz eines beliebten Freiburger Wohngebietes eingeschoben – wie eine neue Schublade in eine alte Kommode. Diesen Eindruck erwecken auch die holzverschalten Baukörper, die in die rein ästhetisch motivierten Betonrahmen wie eingeschoben wirken.

Die Erschließungszone der Pavillongruppe ermöglicht einen Durchgang zu Park und Vorderhaus, das ebenfalls Dozentenwohnungen, sowie Gemeinschaftsräume aufnimmt. Im Zuge der Bauarbeiten wurde der Altbau

nach denkmalpflegerischen Gesichtspunkten auf seine
ursprüngliche Substanz zurückgebaut. Es besteht also
eine enge Beziehung zwischen Alt- und Neubau, die in
klaren Bezügen zwischen den Gebäuden, sowie in der
Gestaltung des Außenraums unter Erhaltung alten
Baumbestandes zum Ausdruck kommt.

Mit Balkonen öffnen sich die Appartements nach West-
en in Richtung Vorderhaus und Garten. Im Osten die
Erschließung und die Sanitärbereiche. Die Flanken der
Pavillons scheinen geschlossen. Tatsächlich jedoch befinden sich auch hier Verglasungen, die durch eine Drehung der Lamellenverschalung Licht hereinlassen, Bli-
cke von außen aber weitgehend filtern.

Ein erfreuliches Beispiel für die Möglichkeiten einer
Hinterhofbebauung ist hier in der Wiehre entstanden,
das gleichzeitig das alte städtebauliche Thema der
Unterwiehre aufgreift: Wohnen im Park. Dass die Proportionen der Pavillons Formate von Fertiggaragen as-
soziieren lassen, entbehrt nicht einiger Ironie im Hin-
blick auf die häufige Tristesse von Hinterhöfen.

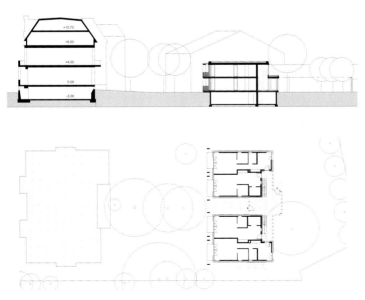

Max-Weber Schule
Erweiterungsbau
Fehrenbachallee

Architekturbüro:
Betz + Steller
Projektleitung:
Mathias Betz

Bauherr: Stadt Freiburg
Hochbauamt
Johannes Klauser
Martin Gruninger

2004–2006

28

Ein identitätsstiftendes Moment findet sich im Treppenhaus des Neubaus. Dort ist der Namensgeber der Schule, Max-Weber, ein Nationalökonom und Soziologe, der einige Zeit an der Universität Freiburg lehrte, durch Zitate in Erinnerung gerufen.

Die Max-Weber Schule, ein Schulbau aus den 60er-Jahren und mit 2800 Schülern größter Schulbau Südbadens, wurde um 13 Klassen, 5 Fachklassen und 4 Kursräume erweitert. Der Altbaukomplex lagert sämtliche Unterrichtsräume um ein riesiges Foyer, das über eine Glasdecke belichtet wird. Der Schultypus der 60er-Jahre war meist ein einhüftiger Bau – Klassenräume mit vorgelagertem Flur – und wurde bei dieser Schule quasi um ein zentrales Foyer gewickelt.

Die bauliche Erweiterung wurde hier ganz anders bewerkstelligt als bei einer in diesem Band besprochenen vergleichbaren Bauaufgabe in Herbolzheim. Während dort ein vollkommen distanzierter Neubau als Ergänzung des alten Schulhauses realisiert wurde, setzte der Architekt bei der Max-Weber-Schule auf ein behutsames Fortführen der vorgefundenen Strukturen, ohne dabei jedoch eine zeitgemäße Sprache vermissen zu lassen.

Der Neubau schließt sich im Westen an das alte Foyer an und übernimmt die Fußbodenniveaus schwellenfrei. Als Trennfuge zum Altbau wurde ein verglastes Treppenhaus eingeschoben, dessen Scheiben mit farbigen Folien beschichtet einen fröhlichen Kontrast zum Altbaubestand bieten.

Die Raumstruktur nimmt den einhüftigen Typus des Altbaus auf, ergänzt diesen jedoch im Flurbereich durch Kursräume, die für kleinere Schülergruppen flexibel zu nutzen sind. Um Helligkeit auf den Fluren zu gewährleisten, sind diese Kursräume jedoch als Einzelboxen eingestellt, dazwischen bleiben breite Belichtungszonen erhalten.

Fenster- und Brüstungshöhen des Altbaus bleiben an der Außenfassade des Neubaus erhalten, sandfarben gestrichene Flächen werden als horizontale Holzverschalung weitergeführt. Durch eingefügte Z-Profile erhalten diese neuen Brüstungen Präzision und Eleganz.

Baufuge Altbau-Neubau

Die Ergänzung der Max-Weber-Schule ist insgesamt ein erfreuliches Beispiel dafür, wie bauliche Erweiterungen realisiert werden können, die von Achtung und Einfühlungsvermögen gegenüber den Qualitäten des Altbaubestandes getragen sind.

Dem heute so wichtigen Begriff der Nachhaltigkeit beim Bauen wurde besondere Aufmerksamkeit gewidmet: Sparsamer Umgang mit Ressourcen beim Energiekonzept, sowie auch bei den Baustoffen – nachwachsenden Rohstoffen wurde Priorität eingeräumt. Langlebigkeit der Substanz, Regenwasserrecycling und Low-Tech bei der Klimatisierung der Räume zeichnen den Schulbau aus. Dazu kommt eine effiziente Energieerzeugung in Mini-Blockheizkraftwerken und eine Photovoltaikanlage auf dem Dach.

Flur mit integrierten Kursräumen. Dunkle, graugrün schimmernder Betonwerkstein am Boden wirken als Reminiszenz an die Bodenbeläge der 60er-Jahre, unterstreichen aber auch den Gedanken der Nachhaltigkeit, indem sie dem PVC-Belag des Altbaus eine dauerhaftere Variante gegenüberstellen.

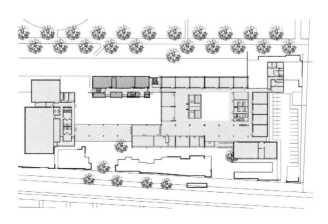

**Hauptbahnhof Freiburg
Bismarkallee**

**Architekturbüro:
Harter & Kanzler**

**Bauherr:
Bilfinger+Berger
Projektentwicklungs-
GmbH**

2000

29

Durch die Neubebauung des Bahnhofsareals bekommt die alte, massive und dennoch in Solitäre zerfließende Bebauung an der Ostseite der Bismarckallee ein adäquates, aber straff zusammengefasstes Pendant im Westen. Es entsteht eine städtebauliche Achse im Sinne eines neuen Boulevards, der in den kommenden Jahren auch nach Süden eine Fortsetzung finden wird. Unterstützend für die Anbindung an die Innenstadt wird die geplante Umgestaltung des Rotteckrings wirken.

Wie alle Bauten des ausführenden Architekturbüros sind auch die Bahnhofsbauten durch eine nüchterne und strenge Formensprache bestimmt, die sich ja mittlerweile in vielen Bürogebäuden Freiburgs wiederfindet. Eine klare Gliederung der Massen, ein Konzept aus liegenden und stehenden Balken schafft einen lockeren und dennoch einheitlichen Gebäudekomplex, der sich in vielfältigem Rhythmus dem Straßenraum öffnet.

Interessant ist die Anbindung oder besser gesagt: Die Distanzierung des Bahnhofgebäudes zum benachbarten IC-Hotel. Eine vorgestellte, geradezu absorbierend unmateriell wirkende Fassade schafft hier die gewollte Abgrenzung. Die Gebäude miteinander zu verbinden, lehnten die Architekten aus verständlichen Gründen ab. Ein Identifikationselement des Bahnhofs bildet neben dem Turm auch das große Vordach der Eingangshalle, das zusammen mit dem frei gespannten Dach neben dem Büroturm die Symbolik als Eingangstor zur Stadt transportiert. Die Lücke fungiert als klimatische Öffnung nach Westen.

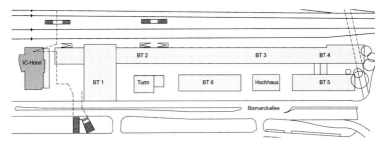

Badische Metamorphosen: Haus–Häusle, Bach–Bächle, Skyline–…? Doch lassen wir das. Es gibt gute Gründe, den Maßstab Freiburger Architektur nicht durch echte Hochhausgiganten zu sprengen. Gewinnbringender ist es, sich diesem Phänomen von einer anderen Seite zu nähern. Betrachten wir die Vertikalen der Bahnhofszeile besser nicht als Miniatur-Wolkenkratzer, sondern als das, was sie sind: Türme als städtebauliche Dominanten in der Tradition klassischer Bahnhofstürme, die wiederum auf die Typologie von Kirchtürmen rekurrieren, quasi in deren Nachfolge den Rhythmus moderner Zeiten bestimmen. Ob diese Symbolik noch zeitgemäß ist, darüber kann man nachdenken, nicht über die absolute Größe.

Turmbauten sind in aller Regel keine aus der Funktion geborenen Gebilde. Kirchenglocken lassen sich einfacher in Dachreitern unterbringen, Fernsehbilder schon vor dem Satellitenzeitalter durch einfache Masten übertragen. Das Freiburger Martinstor wurde bezeichnenderweise in einer Zeit vom Stadttor zum Turm aufgestockt, als seine fortifikatorische Tor-Funktion längst passé war: Turmbauten waren und sind auch heute in erster Linie Prestigebauten und das sind sie auch in Freiburg. Wie das Martinstor einst, bildet der Bahnhof heute ein Portal zur Stadt, das es repräsentativ zu gestalten gilt.

Solarturm an der Richard-Fehrenbach-Gewerbeschule Friedrichring

Architekturbüro:
Hubert Horbach
Ingenieurbüro:
Ingenieurgruppe Freiburg mit Fraunhofer-ISE

Bauherr:
Stadt Freiburg, vertreten durch Städtisches Hochbauamt Freiburg

1993

30

Eine interessante Variante einer Fassade mit transparenter Wärmedämmung (TWD, siehe Solarhaus) wurde am Solarturm, einem Lehr- und Forschungsgebäude der Richard-Fehrenbach-Gewerbeschule, das in Zusammenarbeit mit dem Fraunhofer-Institut entwickelt wurde, realisiert. Dass beim Solarhaus des Fraunhofer-Instituts Überkapazitäten bei sommerlicher Sonneneinstrahlung durch Verschattungsrolos abgeblockt werden, fand der Architekt des Solarturmes Verschwendung. Um auch diese Energien zu nutzen, entwickelte er eine neue Art Speichermedium. Nicht eine massive Steinwand, sondern Wassersäulen nehmen hier die Strahlungswärme auf. Entscheidender Vorteil: Die Überkapazitäten können dem Speichermedium leicht entzogen werden. Die Wasserkollektoren bilden dabei keinen geschlossenen Kreislauf, sondern sind mit der benachbarten Turnhalle verbunden, wo das im Sommer anfallende überschüssige Warmwasser zum Duschen verwendet wird. Immerhin werden dadurch rund zwei Drittel des dortigen Warmwasserbedarfs gedeckt, das

Der Solarturm wurde 1998 mit dem Deutschen Solarpreis ausgezeichnet. Er stellt deutschlandweit den ersten energieautarken Unterrichtsraum dar, der mehr Energie produziert, als er verbraucht.

sind 6000 Liter täglich. Im Winter wird das Wasser auch der hauseigenen Fußbodenheizung zugeführt.
Ein psychologisches Problem sah der Architekt bei einem Wandsystem mit TWD dadurch gegeben, dass Südwände, die traditionell transparent, als Licht- und

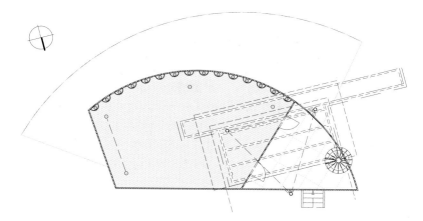

Sichtflächen ausgebildet werden, zur Energiespeicherung geschlossen werden müssen. Deshalb besteht die Südfassade dort aus einem System aus alternierenden Flächen. Schmale Fensterstreifen sind zwischen die Wasserkollektoren gestellt, um trotz TWD den psychologisch wichtigen Sichtkontakt nach draussen zu gewährleisten.

Doch dieses innovative Energiekonzept ist längst nicht alles, was der Energieforschungsturm zu bieten hat. Zehn weitere Kollektorarten ergänzen das Repertoire der passiven Solarsysteme und stehen für Versuche bereit. Natürlich gibt es auch eine Photovoltaikanlage und im angegliederten Unterrichtsraum sind die Mess- und Regeleinrichtungen für die Solaranlagen untergebracht. Zusätzlich wurde eine Solartankstelle eingerichtet, an der die Elektrofahrzeuge der Schule mit Strom betankt werden können. Und selbst ein Windrad steht zur Verfügung.

Der Solarturm, Ende der 80er-Jahre geplant und 1993 offiziell fertiggestellt ist eigentlich eine Dauerbaustelle. Auf Plattform 1 werden immer wieder die neuesten Entwicklungen von Solarkollektoren aufgebaut und getestet. Über die technischen Funktionen hinaus bringt das Bauwerk einen ausgesprochen skulpturalen Entwurfsgedanken zum Ausdruck.

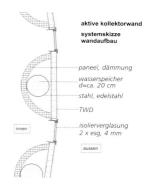

Wandaufbau mit Wasserkollektoren und Fensterstreifen.

**Predigertor
Büroturm und
Hotelerweiterung
Rotteckring**

**Architekturbüro:
Harter & Kanzler**

**Bauherr:
ADAC Beteiligungs- und
Wirtschaftsdienst GmbH**

1996

31

*Das Treppenhaus
hinter Glasbausteinen*

Das neue Büro- und Hotelkarree am Rotteckring markiert die Grenze des westlichen Altstadtbereichs. Der Baubestand des Colombi-Hotels wird in angepasster Form erweitert – allerdings in etwas verkleinertem Maßstab, um dem Büroturm mehr Geltung zu verschaffen. Durch die signifikante Höhenentwicklung wird das Thema „Stadttor" aufgegriffen, das an dieser Stelle einst die Bebauungsgrenze darstellte, aber bereits den barocken Festungsanlagen Freiburgs weichen musste. 1988 wurde die genaue Lage des alten Predigertors durch Ausgrabung der Fundamente zu Tage gefördert. Seinen Namen hatte das ehemalige Stadttor dem nahe gelegenen Kloster der Prediger entliehen, war zuletzt allerdings kein schlanker Torturm, sondern eine eher gedrungene Hauskubatur. Der neue Turm entspricht eher heutigen Vorstellungen, die wohl im ausgehenden 19. Jahrhundert geprägt wurden.

Der neue Baukörper wird aus zwei vertikal ineinandergeschobenen Volumina gebildet. Im Inneren ein quadratischer Kern, der als Glaskörper das vermeintliche Abschlussgesims des Bauwerks durchstößt und sich um weitere zwei Stockwerke in die Höhe schiebt. Darüber ein Flugdach, das wieder die Maße des Gesamtgebäudes umreißt. Auch im Sockelbereich öffnet sich die Ummantelung und gibt den Gebäudekern frei. Es entsteht eine vertikale Dynamik, als ließen sich die Hülle und Kern gegeneinander verschieben.

Das Wechselspiel zwischen Innen- und Außenform wird durch die Fassadengliederung weiter intensiviert. Was oben und unten als gläserner Kern definiert wur-

de, tritt an der Fassade nicht mehr als Glasfront, sondern als geschlossen verputztes Band in Erscheinung. Die Ecken dagegen sind hier verglast und erinnern mit ihren kleinen Revisionsbalkonen an Eckquaderwerk, wie es beispielsweise an den historischen Stadttoren Freiburgs auftritt.

Eigentümlich mutet der obere Abschluss des Turms an. Der zurückspringende Glaskörper spielt mit der Tradition herkömmlicher Turmlaternen oder Turmhelme. Das in Stockwerkshöhe umlaufende Metallgestänge kann dabei als Geländer einer Aussichtsplattform gelesen werden, wobei sich eine absichtlich irritierende Maßstabsverschiebung ergibt.

Die verschiedenen konkurrierenden Möglichkeiten, ein Gebäude wahrzunehmen – zu lesen – stehen für einen zentralen Aspekt des Begriffs Transparenz: Nicht nur eine richtige Lösung, sondern mehrere, sich im zentralperspektivischen Sinne gegenseitig ausschließende Perspektiven stehen gleichberechtigt nebeneinander und ergänzen sich zu einer umfassenderen Wirklichkeit.

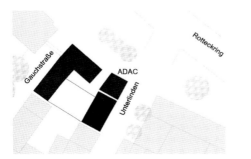

Fahrradstation
Wentzingerstraße 15
Stühlinger

Architekturbüro:
rolf + hotz mit
C. Erdrich, T. Steif
Projektleitung:
Karin Sinnwell

Bauherr:
Freiburger Kommunal-
bauten GmbH
Baugesellschaft & Co. KG

1999

32

Der Kreis als symbolische Form für das Rad, Ausgangs-
punkt aller Mobilität. Darüber hinaus erinnert die neue
Fahrradstation als Rundbau, insbesondere durch seine
Lage direkt an den Bahngleisen, an die Drehscheiben
vor Lokomotivschuppen. Dieser Verteilerfunktion entspricht auch die Aufgabe des Gebäudes als Umsteige-
plattform für Radler. Der Aufgabe entsprechend ist der
Bau zwischen Straßenbahn und Fußgängerbrücke, in
unmittelbarer Nähe sowohl zum Bahnhof als auch zum
Zentralen Busbahnhof günstig platziert. Leicht scheint
der Rundling über den Parkplätzen zu schweben – das
statische Skelett ist hinter den filigranen Lamellen
kaum erkennbar. Die differenzierte Behandlung der
Außenhaut des Gebäudes entspricht den inneren
Funktionen. In der ersten Etage nur eine vor Diebstahl
sichernde offene Lamellenkonstruktion aus Metall und
Plexiglas. Im Stockwerk darüber, wo sich ein Fahrrad-
laden plus Werkstätten, ein Café und eine Niederlas-
sung des ADFC befinden, schützt eine die Dynamik der

Drehung betonende Horizontalschalung die Räume vor
der Witterung. Selbstverständlich erhält man alle Arten
von Fahrkarten in der Mobilitätszentrale und sogar der
Zugriff auf ein Auto – natürlich per Car-Sharing – ist
möglich.

Eine regelrechte Inszenierung erfahren die Energie-
versorgungssysteme: Über dem zentralen Betonpfeiler
des Lifts, um den sich der gesamte Rundling schwere-
los zu drehen scheint, schwebt als Bedachung die große Scheibe mit Photovoltaik-Zellen.

An der Caféterrasse demonstrieren Röhrenkollektoren
die Leistungsfähigkeit alternativer Energiequellen – sie
sind dort in Form eines Balkongeländers arrangiert.

Auf der für ein Parkhaus lächerlich geringen Fläche
von rund 160 qm können bis zu 1000 Räder verwahrt
werden. Ein raffinierter Klapp-Mechanismus erlaubt
dabei leichtes Emporheben des Fahrrades in eine zweite Ebene. Wie viel mehr Platz geparkte Autos verbrauchen, vermittelt ein Blick durch den Innenhof auf die
wenigen ebenerdigen Auto-Stellplätze unter der Fahrradstation, die zu erhalten Planvorgabe war.

Fahrraddeck

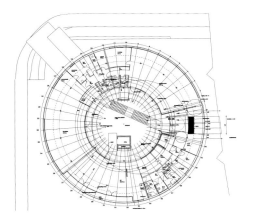

105

**Konzerthaus
Konrad-Adenauer-Platz**

**Architekturbüro:
Dietrich Bangert**

**Bauherr:
Stadt Freiburg vertre-
ten durch Freiburger
Kommunalbauten GmbH**

1996

33

*Säule und Baldachin sind eine
der ältesten Repräsentations-
und Herrschaftssymbole der Architekturgeschichte. In lockerer
Asymmetrie profitiert eine Architektur, die sich bewusst von
der „geschichtslosen" Moderne
abwendet und wieder in historischen Zusammenhängen
agiert, erneut von dieser alten,
über die Jahrtausende tradierten Symbolik und will sich damit den der Bauaufgabe und
der repräsentativen Lage entsprechenden Respekt verschaffen.*

*Leider entspricht diese Perspek-
tive nicht der „verkübelten" Realität des Platzes. Blumenkübel:
ein Problem in ganz Freiburg –
ist die „eingedoste" Natur wirklich so attraktiv?*

Das neue Konzerthaus eröffnete in Zusammenhang mit den Neubauten der Bahnhofszeile und dem daneben errichteten Hotelneubau ein neues urbanes Zentrum jenseits der Altstadt. Der leicht spitzwinklige Zuschnitt des Baugrundes wird dabei zum Anlass für die dynamisch in den Platz vorstoßenden Keilformen der Konzerthausverdachung und des anschließenden Hotelbaus. Das Raumprogramm bietet neben einem großen, geometrisch streng geschnittenen Saal auch verschiedene Tagungsräume und einen kleineren, runden Saal.

Ein beeindruckend großzügig ausgelegter Foyerbereich setzt die prachtvolle Gebärde der äußeren Säulenhalle im Inneren fort.

Mit beträchtlichem Aufwand wurde der Multifunktionalität des großen Saales Rechnung getragen. Die gesamten Seitentribünen lassen sich mittels einer Hubhydraulik nach oben schwenken. Dadurch wird der Bereich unter den Seitenemporen freigegeben für eine sich dadurch enorm vergrößernde Fest- oder Tagungsebene. Zusätzlich kann die Fußbodentopografie des Parkettbereichs individuell nivelliert werden.

Die Flexibilität des Freiburger Konzertsaales stellt in dieser Größenordnung eine Weltpremiere dar. Freilich offenbart sich auch hier eines der Grundgesetze der Architektur: Multifunktionalität geht immer auf Kosten der Eignung für die jeweilige Einzelfunktion: Für Feste, Empfänge und Bälle ist der Saal perfekt, Einschrän-

Die neue Kultur- und Tagungsstätte (KTS) war zur Planungszeit ein sehr umstrittenes Projekt in Freiburg, gegen das sich teilweise massiver Widerstand organisierte. Dieser richtete sich vor allem gegen die Repräsentationsansprüche eines „elitären Kulturbetriebs".

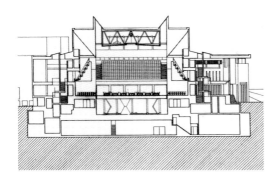

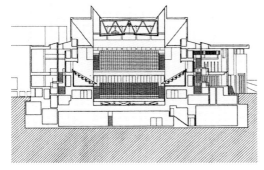

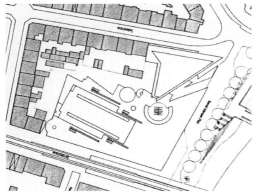

Seitlicher Einblick in eine ansonsten geschlossene Front an der Bertoldstraße. Die Nordfassade nimmt die Geschlossenheit der Blockrandbebauung in der Bertoldstraße auf.

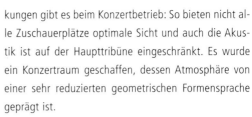

kungen gibt es beim Konzertbetrieb: So bieten nicht alle Zuschauerplätze optimale Sicht und auch die Akustik ist auf der Haupttribüne eingeschränkt. Es wurde ein Konzertraum geschaffen, dessen Atmosphäre von einer sehr reduzierten geometrischen Formensprache geprägt ist.

Eines der interessantesten Baudetails stellt das bereits 1992 am Bonner Kunstmuseum (Schultes / Bangert) entwickelte Säulenkapitell dar, das Stefan Braunfels bei seiner Münchner Pinakothek respektvoll zitierte. Optisch scheint sich bei dieser Lösung eine Umkehrung der klassischen Verhältnisse zu ergeben. Verdeutlichte die antike Säulenordnung den Übergang von horizontalem zu vertikalem Kräfteverlauf durch die Schwellung des Kapitells, so wird hier ästhetisch quasi ein „Negativ-Kapitell" gebildet und damit die Immaterialität einer „schwebenden Architektur" befördert – der obere Säulenschaft wird in Licht getaucht. Tatsächlich visualisiert auch diese moderne Lösung die Lastabtragung durch den Hinweis auf die rippenförmige Trag-

Maximale Ausdünnung der Materialität: Die Gebäudekanten scheinen dünn wie Pappe.

struktur der Betonplatte: eine Übertragung also in die konstruktiven Bedingungen des Stahlbetons. Ein richtungsweisendes Entwurfsdetail.

Typologisch bedient das Freiburger Konzerthaus das Schema des Kulturtempels, wie es im 19. Jahrhundert geprägt wurde. Bedeutungsvoll ist in diesem Zusammenhang die historisch enge Verbindung zwischen Kunst und Religion. Nicht nur, dass religiöse Institutionen traditionell zu den wichtigsten Auftraggebern für Künstler zählten, auch das künstlerische Schaffen selbst wurde und wird noch bis heute bisweilen als eine Art göttlicher Offenbarungsform verstanden. Wie wird das Verhältnis von Kunst und Religion heute bewertet, welche architektonische Form ist angemessen?

Schwierig gestaltete sich die Anbindung der Blauen Brücke an den Konrad-Adenauer-Platz – ein deprimierendes Ergebnis aus der Zwangslage zur Berücksichtigung von Verkehrswegen, Taxiständen, Bushaltestelle. Wenigstens wurde das abrupt abbrechende Ende der Brücke als Plattform ausgebildet, die einen Rundblick über den Platz ermöglicht. Die Situation von Platz und Brücke hätte eigentlich phantastische Möglichkeiten geboten. Schade.

Baugruppe „Spiegelhäuser" Klarastraße 96, 96 a, b

Architekturbüro: Architekturwerkstatt Aman & Burdenski

Baugruppe

2003

34

Vorentwurf 2001

Am Anfang stand das Bauvolumen als Summe von Raumansprüchen der BauherrInnen.

Ansonsten gab es lediglich eine Idee zur Fassadengestaltung seitens der Architekten, die jedoch zur Disposition stand. Ost- und Westseiten waren vorab zur Einteilung durch die späteren Eigentümer freigegeben: d.h. freie Lage der Fenster nach Bedarf. Den stark differierenden Ansprüchen an die Wohnungszuschnitte wurde in erster Linie mit einer frei gespannten Betondecke entsprochen. Mit 28 cm Querschnitt fiel die Platte sehr dick aus. Ein Synergieeffekt ergab sich daraus für die notwendige Flexibilität der Grundrisse: Nicht nur die Leichtbauwände waren beliebig verschiebbar, auch die Installationsführungen für Küche und Bad konnten bei einem solchen Deckenquerschnitt über weitere Strecken verzogen werden. Die hervorragenden Eigenschaften bezüglich Schalldämpfung nimmt man dabei natürlich ebenfalls dankbar an.

Im Mitteltrakt der beiden Haushälften, wo im Norden das Treppenhaus Platz findet, ist im Süden ein flexibler „Schaltraum" entstanden, der je nach Bedarf der einen oder anderen Seite zugeschlagen werden kann.

Die Wohnungsgröße variieren erheblich: Zwischen 34 m² und 178 m² ist für jeden Bedarf etwas entstanden. Für Singles, Alleinerziehende, Pärchen ohne Kinder, Familien mit Kindern, WG's und Praxisräume. Ergänzt wird das Programm durch eine Ferienwohnung, die auch als Gästeunterkunft fungiert. Dabei werden die großen Wohnungen auch vertikal ausgedehnt, d.h. als Maisonette mit zusätzlicher Treppe realisiert. Noch Wünsche offen?

Bei der Planung wurden dabei durchaus auch einmal die bewährten Pfade des klassischen Grundrisszuschnitts verlassen. An der Ostseite des letzten Hauses wurde quasi ein „Rucksack" angehängt, weil sonst das dahinterliegende Zimmer zu schmal geworden wäre. Planungsschwäche oder demonstrativer, programmatischer Ausdruck für große, individuelle Gestaltungsfreiheit?

Um die Wohnungslagen wurde gepokert: Der Quadratmeterpreis beispielsweise für das exklusive Penthouse wurde in der Gruppensitzung sukzessive erhöht bis überzählige Anwärter abgesprungen waren. Um Unmut zu vermeiden gab es jedoch eine Kappungsgrenze – die restlichen Anwärter warfen das Los. Mehrkosten schlugen sich in Form von Minderkosten für die weniger attraktiven Wohnungslagen nieder.

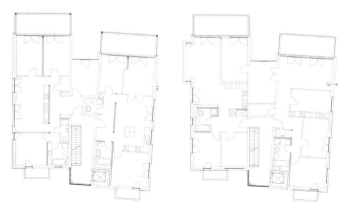

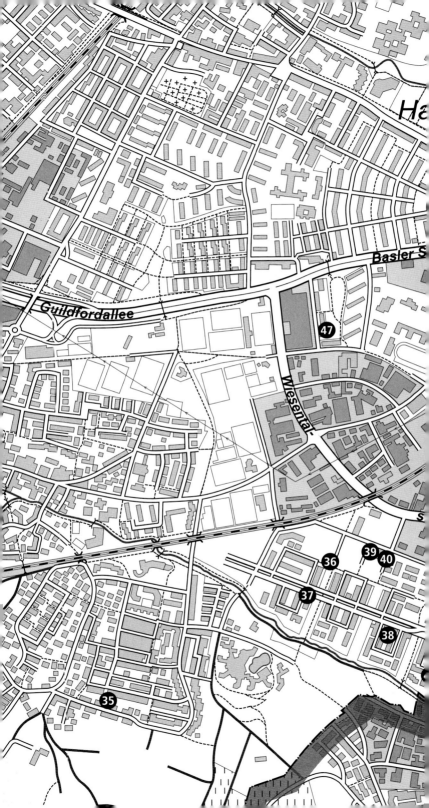

Hε

Basler S

Guildfordallee

47

Wiesental-

36

39 40

37

38

35

S

Lessing-

Kronenstraße

Heinrich-v.-Stephan-Str.

Eschholzstr.

Basler Str.

Straße

Merzhauser

1

45

44

46

Stadtw.
Distr. II

Loretto-

berg

He

**Wohnbebauung
Bifänge
Freiburg, St. Georgen**

**Architekturbüro:
Böwer, Eith, Murken,
Spiecker**

**Bauherr:
Bauverein Breisgau eG
Freiburg**

2004

35

Eine clevere Lösung für das Thema Reihenhäuser fanden die Planer bei der Wohnbebauung Bifänge. Aus der ursprünglichen Bebauungsvorgabe, gleichförmige Einzelhäuschen zu realisieren, wurde eine Bauform, die in vielfältiger Weise untereinander kommuniziert, ihre Gesamtwirkung aber dennoch als Einzelhäuser entfaltet. Die Verkettung kann dabei durchaus auch als Ausdruck des genossenschaftlichen Solidaritätsgedankens gelesen werden – ein Entwurfsgedanke, der auf eine lange Tradition bis zurück in die 20er-Jahre verweist.

Eine im Berg versenkte Tiefgarage tritt dem Tal zu als verbindender Riegel in Erscheinung, der die acht Einzelvolumina in einem blaugrauen Farbton, der sich klar vom Weiß der Häuser absetzt, zusammenbindet. Die ursprüngliche Idee, dieses verbindende Element farblich auch im Attikageschoss aufzunehmen, wurde verworfen. Hauskörper und Tiefgaragenfront bilden dabei einen attraktiven Außenbereich mit Hofbaum.

*Straßenfassade talwärts
nach Norden. Erster (oben) und
zweiter Bauabschnitt.*

Sechs Wohnungen werden in einem Baukörper zusammengefasst, wodurch eine flexiblere Flächenaufteilung und individuellere Wohnungstypen als bei uniformen Reihenhäusern möglich wurde.

Am Nordhang gelegen wendet sich die Eingangs- und Straßenseite dem Tal zu und bietet einen traumhaften Blick über Freiburg bis zu den Vogesen. Nach Süden

114

*Gartenseite nach Süden.
Hofseite mit Fassade der Tiefgarage.*

gewandt die Grünflächen. Als Doppelhaustyp realisiert bietet jedes Stockwerk Platz für zwei Wohnungen. Im EG die Kleinwohnung, darüber das „Piano Nobile" mit Gartenanschluss und im OG dann als Ersatz für den Garten die Terrasse mit Blick ins Tal.

Die Bebauung Bifänge wurde in zwei Bauabschnitten realisiert. Die drei Häuser des zweiten Abschnitts im Westen erhielten eine veränderte Eingangssituation mit vorgelagerten, gläsernen Treppentürmen an der Straße.

Insgesamt kann das Projekt als positives Beispiel eines Freiburger Bauträgers mit einem ausgeprägten Bewusstsein für Baukultur hervorgehoben werden.

Lageplan und Schnitt

Stadtteil Vauban

**Städtebaulicher
Gesamtentwurf:
Kohlhoff Architekten**

**Städtbaulicher Entwurf:
Stadt Freiburg mit
Kommunalentwicklungs-,
Landesentwicklungs-
gesellschaft**

**Einzelbauherren und
Baugruppen (70%)
Bauträgergesellschaften
(30%)**

seit 1998

*Erfreuliches Kontraspro-
gramm: Zwischen den Zeilen
der ehemaligen militärischen
Zuchtanstalt der 30er-Jahre,
wird im Gelände der SUSI heute „gepflegtes Chaos" kultiviert.*

Stadtteil Vauban

In einer Epoche leidenschaftlicher Kontroversen über
Fragen zeitgemäßen und vor allem sozial funktionierenden Städtebaus entstehen in Freiburg mit den neu-
en Stadtteilen Rieselfeld und Vauban zwei Großprojekte gleichzeitig.

Eigentlich sind die beiden Projekte sowohl die Größe
als auch die städtebaulichen Voraussetzungen betreffend schlecht zu vergleichen. Dennoch ergibt sich eine
spannende Situation aus der Tatsache, dass diese beiden Projekte ganz unterschiedliche städtebauliche Ideale repräsentieren. Während das Rieselfeld bewusst eine Transformierung der Blockrandbebauung des 19.
Jahrhunderts in unsere Zeit versucht, lassen die Strukturen des Quartier Vauban eher an die offenen Strukturen des Zeilenbaus der 20er-Jahre denken.

Vorgegeben ist die Formation der auf Nord-Süd-Achse
ausgerichteten Zeilen bereits durch die Mannschaftsgebäude der ehemaligen Kaserne französischer Streit-
kräfte, die teilweise erhalten wurden und namensge-
bend für das Baugebiet wurden. In der Nord-Ost-Ecke
des Quartiers entstand aus diesem militärischen Altbestand die neue Studentensiedlung mit ergänzenden
Neubauten. Südlich anschließend wurden vier Mannschaftsgebäude, die noch auf die Aufrüstungsphase
der 30er-Jahre zurückgehen, von der Selbstorganisier-
ten Unabhängigen Siedlungs-Initiative, kurz SUSI über-
nommen und heute vermietet.

Dem Planungskonzept für das Quartier Vauban wurde
die Erfahrung zugrunde gelegt, dass sich die konkreten
Bedürfnisse der Bewohner kaum langfristig definieren
lassen. Ziel war deshalb, eine robuste städtebauliche
Struktur zu entwickeln, die dennoch flexibel genug ist,
auf unvermutet eintretende Veränderungen im Nut-
zungsanspruch zu reagieren. Als Konstanten wurden
ein stabiles Freiraum- und Erschließungskonzept entwickelt. Dagegen wurde bei Bauformen und Hausty-
pen, Gebäudehöhen und Dachformen, Grundrisszu-
schnitt und Nutzungsdichte ein hohes Maß an Offenheit und Flexibilität ermöglicht. Zudem ging man bei

der Vermarktung der Grundstücke nicht den Weg zum meistbietenden Bauträger, sondern die Grundstücke wurden zum Festpreis meist an Baugruppen vergeben. Diese Prämissen sind es vor allem, die heute den bunten und undogmatischen Charakter des Siedlungsgeländes ausmachen.

Daneben ist natürlich die weitorientierte Planungsstruktur in Zusammenarbeit verschiedenster bürgerschaftlicher Gruppierungen signifikant für das Projekt Vauban. Gegenüber dem ursprünglichen Wettbewerbsentwurf wurde dabei manche wertvolle Modifizierung erarbeitet. „Lernende Planung" ist das für einen flexiblen Planungs- und Bauprozess geprägte Schlagwort, das Veränderungen und Korrekturen von Bauabschnitt zu Bauabschnitt ermöglichen soll.

Rückgrat des gesamten Quartiers bildet die breite Vauban-Allee als städtischer Boulevard, der auch als Stadtbahntrasse fungiert. Entree und Erkennungszeichen zugleich bildet ein Büro- und Dienstleistungshochhaus am östlichen Ende der Allee, das als Stadttor zum Quartier gelesen werden kann. Dazu entstand unlängst im Westen das zweite Hochhaus, als Pendant

*Grünspange zwischen den Be-
bauungszeilen.*

*Grünflächen am Bach. Bebau-
ungsgrenze und Öffnung zum
Naturraum des Schönbergs.*

zum östlichen und als städtebaulicher Abschluss der Allee. Wie an einer Wäscheleine sind die querliegenden
Häuserzeilen zwischen diese Hochbauten aufgereiht.
Diese, entlang der Hauptachse rechtwinklig abgehen-
den, parallelen Zeilen, erhielten durch Einfügen mehrerer
breiter Grünspangen wertvolle Abstandsflächen. Durch
alten Baumbestand werden sie zu regelrechten Parklandschaften aufgewertet. Die unbedingte Erhaltung des
vorhandenen Baumbestandes war insgesamt planungs-
bestimmend für das gesamte Quartier.

Städtebauliche Qualitäten und Urbanität vermitteln die
Kopfbauten der Zeilen an der Vaubanallee. Strenge Groß-
formen beherbergen Wohnungen und nehmen gleichzeitig in flachen Sonderbauten entlang der Straße Verkaufs-
flächen auf. Das sind Detaillösungen, die wiederum an
den Zeilenbau der 20er-Jahre erinnern lassen.

Quartier Vauban:
Vorne, nach Norden führend, die Merzhauser Straße. Östlich davon die Solarsiedlung mit ihren dunklen Dächern aus Solarzellen, von der Straße abgeschirmt durch das Sonnenschiff. Gegenüber der Straße dann von Nord nach Süd: Die Studentensiedlung, die SUSI, das Bürohochhaus und die Quartiersgarage.
Von Ost nach West die Vauban-Allee. Am westlichen Ende wird das Quartier durch die Bahnlinie begrenzt, die durch den winkelförmigen Sozialwohnungsbau abgeschirmt wird.

Stand: Herbst 2005

Rahel-Varnhagen-Straße:Kopfbau rechts als Baugruppe (Melder und Binkert). Anschließend Reihenhausbebauung.

Mit zunehmender Entfernung zur Vauban-Allee tröpfelt die Bebauungsdichte dann ab und löst sich in kleinparzellige Reihenhausbebauung auf. Die gewährten Freiheiten bei den Bebauungsvorschriften manifestieren sich hier in einer lebendig-bunten Kleinteiligkeit, die der Phantasie freien Lauf lässt. Die üblichen Geschmacklosigkeiten des anderenorts streng reglementierten Einfamilienhausbaus sucht man hier trotz allem vergebens.

Der s-förmig um zwei seitlich angegliederte Platzanlagen knickende Verlauf der Vauban-Allee, die hier dem vorhandenen Baumbestand ausweicht, gibt dem zentralen Boulevard eine undogmatische Selbstverständlichkeit. Am östlichen Eingang gleich der Paula-Moderson-Platz, der vom Büroturm und der knallroten Front der Karoline-Kaspar-Grundschule gefasst wird. Im weiteren Verlauf, quasi als Zäsur zwischen dem Altbaubestand der Kasernenbauten und der neuen Bebauung, der Döblin-Platz, der den Verkehr zu einem Ausweichen auf die linke Seite des Baches zwingt.

Döblin Platz. Grenze und Gelenk zwischen den alten Kasernenbauten und den Neubauten. In dem Mannschaftsgebäude ist heute das Bürgerzentrum untergebracht. Das lange Ringen zwischen der Stadt und den Bewohnern des Stadtteils um die Freihaltung des Platzes, der ursprünglich teilweise bebaut werden sollte, konnte unlängst zugunsten des freien Platzes entschieden werden.

Am westlichen Ende des Boulevards erweitert sich der Straßenraum durch den Rücksprung einer Bebauungszeile dann nochmals, um eine allmähliche Öffnung des Straßenraums zu vollziehen.

Das Nutzungskonzept trennt die Wohnbereiche im Süden von den Gewerbeflächen im Norden, die von der

Paula-Moderson-Platz mit Büroturm, Solargarage und Grundschule.
In der Solargarage werden die Autos der gesamten Siedlung geparkt. Das Verkehrskonzept zielt auf ein autofreies Quartier, das lediglich dem Anlieferungsverkehr, sowie Besuchern offenstehen soll – ein ständiger Streitpunkt, denn das zwangsweise, mit hohen Kosten verbundene Parken in der Solargarage wird gerne trickreich umgangen.

Wiesentalstraße aus bedient und verkehrstechnisch vom Wohnsektor entkoppelt sind. Ost-west-orientierte Zeilen schaffen hier eine bauliche Zäsur.

Im Nordwesten fungiert eine gebogene Wohnzeile als Lärmschutzwand gegen die Trasse der Bundesbahn.

Erstaunlich ist die Tatsache, dass trotz größter Freiheiten im Umgang mit den Bauvorschriften, im gesamten Quartier ein ungewöhnlich hohes Gestaltungsniveau fast ohne Ausreißer gehalten wird. So gewinnt das neue Wohnquartier neben seinen städtebaulichen Qualitäten eine im ästhetischen Sinne überzeugende und anspruchsvolle Atmosphäre, die durch einzelne Architektur-Highlights, so erfreulich diese im Einzelfall auch sein mögen, erfahrungsgemäß nicht zu erreichen ist.

Neben den epochalen ökologischen Standards, die hier, oft in freiwilliger Selbstverpflichtung, gesetzt wurden, dürfte die gestalterische Qualität des neuen Stadtteils Vauban einer weiteren kleinen Revolution gleichkommen, die in den Neubau-Landschaften unserer Republik nicht so leicht erreicht wird.

Baugruppen in Freiburg

**Wandel
gesellschaftlichen
Selbstverständnisses**

*Baugruppe Tränkematten.
Erstes Baugruppenprojekt in
Freiburg. Architekt und
Moderator: Rainer Probst.*

Bauwillige, die sich aus Kostengründen, bisweilen erweitert durch einen guten Schuss Ideologie, zusammenschließen, um ihren Traum von den eigenen vier Wänden zu realisieren – ein neues Bau-Modell?

Wir erinnern uns an die Zeiten des großen Siedlungsbaus der 20er-Jahre, an die Zeit des Genossenschaftsgedankens: Gemeinsam sind wir stark und wehren uns erfolgreich gegen die Ausbeutung durch Spekulantentum im Grundstücks- und Baumarkt. Das Ergebnis: Eine in wenigen Jahren entstandene ungeheure Menge Wohnraums, der in der Regel selbst von den unteren Einkommensgruppen finanziert werden konnte. Finanzierungshilfe durch die sogenannte Muskelhypothek und staatliche Zuschüsse gab es auch schon. Der Gemeinschaftsbau also ein Erfolgsrezept? Alles schon mal da gewesen?

Zentrale Unterscheidungskriterien zum früheren, genossenschaftlich organisierten Bauen sind auszumachen. Die Möglichkeit zur ganz konkreten, individuellen Einflussnahme auf die Entwurfsarbeit des Architekten ist ein Novum. Ein Resultat aus einem gewandelten gesellschaftlichen Selbstverständnis: Zählte in den 20er-Jahren v.a. die kollektive, überindividuelle Idee, das Ideal von Gleichheit und Solidarität, so stehen heute viel mehr die persönlichen Wünsche und Vorstellungen im Vordergrund, ein Bedürfnis nach weitreichender Selbstverwirklichung, freilich innerhalb eines sozialen Netzes.

Längst nicht alle Bauwilligen kommen aus Einkommensschichten, für die der gemeinsame Bau existenzielle Bedeutung hat. Häufig ist darüber hinaus das Phänomen zu beobachten, dass eingesparte Kosten sofort gemeinsam reinvestiert werden, sei es in ökologischen Mehrwert oder in soziale Einrichtungen wie Gemeinschaftsräume oder ähnliches, also investiert werden in ideelle Werte.

Selbstverständlich spielt auch der In-Effekt eine gewisse Rolle. Doch ist ein In-Effekt nicht immer signifikanter Indikator für gesellschaftliche Prozesse?

Das gesellschaftliche Selbstverständnis betreffend ist

es immerhin bemerkenswert, dass sich das Baugruppenmodell heute zunehmender Popularität erfreut, einen breiten Marktanteil erobert hat, dass Bauwillige bereit sind, sich den oft langwierigen Auseinandersetzungen mit der Gruppe zu stellen, Kontakt zu suchen, individuelle Schutzräume und Gardinendenken aufzugeben. Selbst wenn die Entscheidung im Einzelfall von rein monetären Überlegungen getragen sein mag: Es scheint sich – wenigstens in Teilen der Gesellschaft – ein Wandlungsprozess zu vollziehen.

Glaubten die Architekten der beginnenden Moderne, die Gesellschaft durch gute Architektur formen, ja erziehen zu müssen, so finden jetzt mehr kommunikative Prozesse statt. Architekten und Bauherren ergänzen ihr jeweiliges Spezialwissen zur bestmöglichen Lösung der immer individuellen Fragestellung.

Die bisher erfreulich offene Haltung der Stadt Freiburg begünstigt natürlich den riesigen Erfolg des Baugruppenmodells. Darüber hinaus ist es aber auch eindeutig ein wirtschaftliches Erfolgsmodell, mit dem den Bauträgergesellschaften mittlerweile ein scharfer Konkurrent erwachsen ist: Keine Zinslasten durch Leerstand ist einer der Zauberformeln dafür, dass Baugruppen mit Kosteneinsparungen im zweistelligen Prozentbereich werben können. Und das längst nicht mehr nur in Freiburg. Die Idee hat schon Städte im ganzen Bundesgebiet erreicht.

Siedlung Dessau-Törten, Walter Gropius. Bauabschnitt 1926. Die uniformen Reihenhäuser werden durch die alternierende Fassadengestaltung zu einem Gesamtbaukörper zusammengeschlossen, der die klare Trennlinie zwischen den Hausabschnitten bewusst verwischt und damit den Solidaritätsgedanken eines überindividuellen Gesellschaftsmodells symbolisieren soll.

Einmal unterstellt, das Baugruppenklientel, Architekten wie Bauherren, hätte eine weltanschauliche Nähe zur ehemaligen Hausbesetzerszene bzw. deren Sympatisantentum, so würde damit heute eine „natürliche Feindschaft" zum Spekulanten fortgesetzt, nur dass das Pendel der Auseinandersetzung diesmal eindeutig zugunsten der anderen Seite ausschlägt.

**Baugruppe
Wohnen & Arbeiten
Walter-Gropius-Straße**

**Architekturbüro:
Common & Gies**

**Bauherr:
Baugruppe**

2000

36

Ein flexibles Gerüst aus unterschiedlichen Wohnmodulen, das sich in horizontaler und vertikaler Richtung ausdehnen lässt, bietet Raum für die unterschiedlichen Ansprüche von 16 Eigentümern. Gemeinsam war die Idee, Wohnen und Arbeiten in ideell und räumlich engere Beziehung zu bringen. Singles, Familien, Wohngemeinschaften, Gemeinschaftsbüros für einen Verlag, für Biologen, Landschaftsplaner und einen Förster. Dazu kommt noch ein Künstleratelier. Trotz der Vielfalt, die sich an den Fassaden deutlich abzeichnet, gelang es, ein klares Raumsystem zu realisieren, in das die unterschiedlichen Nutzungen wie in ein Regal eingestellt werden können.

Diesem Nutzungskonzept folgt auch die Fassadengestaltung: Sowohl der Straßen- als auch der Gartenseite ist ein thermisch entkoppeltes Balkonregal vorgestellt, das auf der nördlichen Straßenseite als Laubengangsystem mit Treppenturm die Erschließung übernimmt.

Ein hochgedämmter, kompakter Baukörper, aus dem alle „kalten" Flächen, wie Flure und Treppen ausgelagert sind, fungiert mit südseitig großen Verglasungen als Kollektor. Bei sommerlichem Sonnenstand bieten die Balkonüberstände – im 4. Obergeschoss als Dach aus Solarzellen gebildet – sowie der alte Laubbaumbestand ausreichend Schatten. Die Außenwände sind weitgehend in Holztafelbauweise, Innenwände und Decken dagegen massiv als Wärmespeicher konzipiert. Das Gebäude zeichnet sich durch ein integriertes Energie-, Abfall- und Sanitärkonzept aus: Kontrollierte Lüftung mit Wärmerückgewinnung, thermische Solaranlage, hauseigene Biogasanlage und Grauwasserrecycling für die Toilettenspülung ergänzen sich zusammen mit umweltverträglichen Materialien zu einem durchdachten Baukonzept und erreichen damit einen beachtlichen ökologischen Standard. 80% der Emissionsbelastung gegenüber konventioneller Bautechnik kann damit vermieden werden.

Schottenbauweise, also tragende Querwände, mit Deckenspannweiten zwischen 4, 5 und 6 Metern garan-

tieren Flexibilität. Dazwischen entwickeln sich freie Grundrisskonzepte, wobei die einzelnen Raumzellen horizontal und vertikal addiert werden.

Belegungsschema

Neben einem hohen Maß an planerischer, organisatorischer und handwerklicher Eigenleistung übernahmen ausgewählte Mitglieder auch selbst die Moderation der Baugruppe – sicherlich auch ein Faktor für starke Identifikationswerte, gleichzeitig aber auch Herausforderung an eine hohe soziale Kompetenz und Engagement. Es zeigt sich eine weitreichende Neuorientierung im gesellschaftlichen Selbstverständnis, die sich diesmal nicht mehr auf der Straße, sondern an der Straße manifestiert.

Erdgeschoss

1. Obergeschoss

**Baugruppe VIVA 2000
Harriet-Straub-Straße**

**Architekturbüro:
Böwer, Eith, Murken,
Spiecker mit M. Sautter,
H. Kuhn**

**Bauherr:
Baugruppe**

2000

37

Die Baugruppe VIVA mit ihren spiegelsymmetrisch angeordneten Zeilen umschließt einen großen Garten- bzw. Hofbereich, der sowohl eine Gemeinschaftsfläche mit Hofbaum, als auch kleine Privatflächen bietet, die den unteren Maisonettewohnungen zugeordnet sind. Bezeichnenderweise finden sich dort weder Gartenzäune noch Hecken.

Straßenseitig bilden die Wohnhäuser tiefe Arkaden aus. Eingeschobene Pavillonbauten nehmen Ladenflächen auf und fungieren, in der Materialität von den Wohnhäusern geschieden, als halboffene Riegel zum Straßenraum, die den Eindruck von Schiebetüren erwecken. Das Motiv erinnert an den Siedlungsbau der Klassischen Moderne.

Nach Süden öffnen sich die Zeilen dem herrlichen Naturraum am Fuße des Schönbergs.

Die einzelnen Wohnungen sind in der Regel als Maisonetten ausgebildet, kleinere Geschosswohnungen finden sich am Haupttreppenhaus. Flexibilität beim Wohnungszuschnitt wird bei VIVA erreicht, indem die Schotten, also die tragenden Querwände, durch einen leicht erhöhten Deckenquerschnitt jeweils um ca. einen Meter verschoben werden können, also nicht übereinander stehen müssen.

Vor- und Rücksprünge, Balkone und Loggien, sowie freie Gestaltung in der Fensteranordnung sorgen für Individualität und ein Höchstmaß an privater Atmosphäre.

Fast alle der 16 Wohnparteien haben kleine Kinder, so dass eine wichtige Motivation für das Bauen und Wohnen mit dem attraktiven Innenhof im sozialen Zusammenschluss liegen dürfte. Darüber hinaus verrät auch der Gebäudename einen aufschlussreichen Imperativ: VIVA – LEBE!

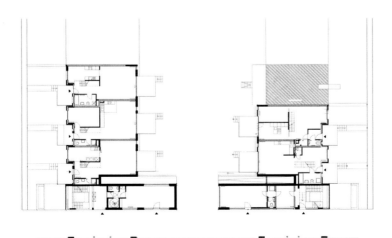

**Wohnbebauung
Gerda-Weiler-Straße
Bürogebäude
Bauverein Breisgau eG**

**Architekturbüro:
Melder und Binkert**

**Bauherr:
Bauverein Breisgau eG**

2001

38

*Ladenzeile zwischen den Kopf-
bauten der Straße*

Konsequent an den Maßgaben der städtebaulichen Leitlinie fürs Vauban-Gelände orientiert, integrieren die drei Bauten an der Gerda-Weiler-Straße einen parallel der Vaubanallee verlaufenden Gewerberiegel. Ein Entwurfsgedanke, der das Straßenbild schließt und Urbanität vermittelt. Gleichzeitig wird dadurch eine geschützte Gartenzone ausgebildet. In den Zeilenbauten findet sich in den drei Obergeschossen nur Wohnnutzung. Die Erdgeschosszone dagegen ist als klassisches Sockelgeschoss ausgebildet und nimmt neben dem Gewerbe ausschließlich Nebenräume auf, so dass auf eine kostenintensive Unterkellerung ganz verzichtet werden konnte. Trotz der Viergeschossigkeit wird die Gebäudehöhe bei den relativ eng gesetzten Zeilen durch die Aufständerung nicht zum Problem, denn vom Bewohner aus gesehen stehen sich die Bauten lediglich dreigeschossig gegenüber. Den Ansprüchen des Bauherrn folgend, der auch für älter werdende Menschen passenden Wohnraum anbieten will, sind sämtliche Wohnungen barrierefrei erschlossen. Je Zeile steht ein Lift zur Verfügung und selbst die Balkone sind schwellenfrei zu erreichen.

Die Kopfbauten an der Vaubanallee schieben sich dynamisch über die Ladenzone in den Straßenraum vor und bilden dabei attraktive Kollonaden, die auch den Eingang der Wohnhäuser aufnehmen. Dominant sind hier allerdings die Verglasungen der Geschäftsbereiche, die klar von der Wohnnutzung geschieden unter die Kopfbauten geschoben sind.

Der Bauherr, der 1899 gegründete Bauverein, ist die älteste und größte Baugenossenschaft der Region und

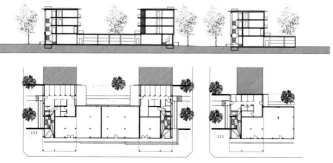

entstand in der großen Aufbruchszeit der Genossen-
schaftsbewegung. Einer Zeit des explosionsartigen
Wachstums der Städte, des unmenschlichen Bauspe-
kulantentums, der extremen Wohnungsnot, die es nor-
mal werden ließ, dass Menschen in heute unvorstell-
barer Enge zusammengepfercht waren, Betten einzeln
vermietet und im Dreischicht-Betrieb „beschlafen"
wurden. Die genossenschaftliche Zielsetzung günsti-
gen und gesunden Wohnraum für untere Einkommensschichten zu errichten war also ein absolut humanitä-
rer Gedanke, dessen Anliegen heute an Schärfe verloren haben mag, jedoch alles andere als unwichtig geworden ist.

*Das neue Geschäftshaus des
Bauvereins Breisgau e.G. in der
Zähringersraße*

Villaban
Atelier und
Werkstattgebäude
Marie-Curie-Straße 1

Architekturbüro:
Pulling, Broß, Brakmann

Bauherr:
Villaban Gmbh

2002

39

Am Anfang stand die Idee, günstiges Raumangebot für verschiedene Existenzgründer zu schaffen. Ein gesellschaftliches Phänomen, das sich beim Baugruppenmodell im privaten Bereich manifestiert, zeigt sich bei der Villaban im beruflichen: Ateliers, Werkstätten, Läden, Wohnungen, Gastronomie: alles unter einem Dach: Gemeinsam geht's besser.

Der Entwurf bedient sich dabei eines uralten und bewährten Typus: Als Peristyl- oder Atriumhaus schon im Altertum weit verbreitet. Der Namensteil „Villa" weist denn auch in diese Richtung und ist mit der zweiten Silbe aus Vauban ergänzt.

Um einen quadratischen Innenhof, der mit einer ebenso schönen, wie konstruktiv interessanten, transparenten Bedachung aus aufgepumpten Folienkissen überspannt ist, gruppieren sich über einem quadratischen Raster aus 6 x 6 Modulen Räume unterschiedlicher Größe.

Der Bau ist als Holzskelettkonstruktion aufgeführt, wobei die Windlasten von den Innenwänden aufgenommen werden. So war es möglich, eine Vollverglasung der Außenhaut ohne diagonale Verspannungen zu realisieren.

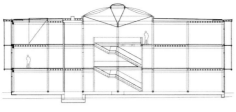

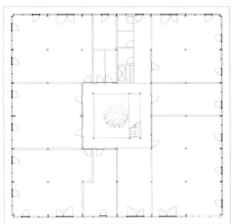

Den Nutzern wurden die Räumlichkeiten auf Ausbauniveau überlassen: Estrich, rohe Decken und Wände plus Elektroanschluss. Der Innenausbau erfolgte nach individuellem Bedarf, der bei einer Werkstatt naturgemäß anders aussieht, als bei einer Wohnung.

Mittlerweile hat sich die Villaban zu einem kulturellen und sozialen Zentrum des neuen Stadtteils Vauban entwickelt, das Synergieeffekte, die sich beim gemeinsamen Projekt ergeben, intensiv zu nutzen versteht. Dabei ist die Bauform mit ihrem kommunikativen Innenhof perfekt der gemeinsamen Leitidee angepasst.

Die Vielfältigkeit wurde zum gestalterischen Programm: Die Fassade zeigt sich trotz strengem Raster als heiterer Flickenteppich – ein farbenfroher Basar, der hervorragend ins unorthodoxe Baugefüge des neuen Stadtviertels passt.

Atelierhaus Amöbe
Marie-Curie-Straße

Architekturbüro:
Stefan Broß,
Bernd Pulling

Bauherr:
Baugruppe

2005

40

Mit seiner amorphen Grundrissform stellt die Amöbe in direkter Nachbarschaft zur Villaban einen spannenden Dialog zwischen diesen beiden Gebäuden her, deren Planung auf dieselben Architekten zurückgeht.

Hier die weiche, geschwungene, irrationale, dort die harte, quadratische, rationale Gestalt.

Dabei war die Bauaufgabe bei beiden Gebäuden genau dieselbe: Gewerbliche Räume für UnternehmerInnen verschiedenster Richtungen zu schaffen. Einige Wohnungen runden das Programm ab.

Tatsächlich ist der in Zedernschindeln gehüllte Bau gar nicht rund, sondern besteht aus 81, erst beim Näherkommen auszumachenden Ecken. Da keine gebogenen Fensterflächen verwendet wurden, stellt diese Bauweise eine ebenso einfache, wie konsequente Lösung der Fassadenentwicklung dar.

Überraschend ist die unerwartet rechtwinklig-nüchterne Ausformulierung der Treppenhaushalle. Hier wünscht man sich spontan eine organische Fortsetzung der dynamischen Außengestaltung. Die Rechtwinkligkeit ist dem Umstand geschuldet, dass viele verschiedene Parteien mit Anspruch auf räumliche Flexibilität zu berücksichtigen waren und das lässt sich nur mit dem abstrakt orthogonalen System realisieren. Die dazu im Gegensatz stehende Außenform schmiegt

sich in den speziellen Zuschnitt des Baugrunds, der von der geschwungenen Marie-Curie-Straße begrenzt wird.

Die Dachterrasse empfängt einen mit traumhaften Blicken über das Stadtviertel und die angrenzenden Berglandschaften von Schönberg und Schlierberg. Sich über die gesamte Gebäudefläche erstreckend bietet diese riesige Fläche viele differenzierte Bereiche für die unterschiedlichsten Bedürfnisse der bunten Bewohnerschaft und ist mit einer anspruchsvollen Topografie aus Grün-, Sitz- und Kiesflächen modelliert. Ärzte, Therapeuten, Yogaschule, Meditationsräume, Computerwerkstatt, Installationsplanung, Musikstudio, Musikschule und ein Fotoatelier: 15 Nutzer teilen sich die insgesamt 1400 qm auf 3 Geschossen und haben das Gebäude nach dem Baugruppenmodell errichtet. Es stellt nach eigenen Angaben die erste gewerbliche Baugruppe in Freiburg dar. Die einzelnen Räume wurden als Lofts konzipiert und bieten damit den notwendigen Bewegungsspielraum beim Ausbau für die unterschiedlichsten Nutzungsansprüche. Dieses Prinzip hat sich bereits beim benachbarten Vorläufermodell, der Villaban, bewährt.

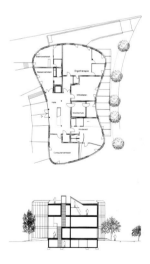

**Studentensiedlung
Vauban
Merzhauser Straße**

**Architekturbüro:
rolf + hotz mit M. Gies
U. Ahlers, A. Vogelmann**

**Bauherr:
Studentenwerk Freiburg**

1998

41

Studenten zu kasernieren scheint naturgemäß ein wenig aussichtsreiches Konzept für die Errichtung einer Studentensiedlung zu sein. Gleichwohl boten sich die in den 30er- und 50er-Jahren baugleich errichteten Mannschaftsgebäude der ehemaligen Franzosenkaserne für eine Stundentenunterkunft geradezu an: Die stadtnahe Lage, die räumliche Gliederung und auch die robuste, für eine zu erwartende hohe Fluktuation geeignete Bauweise, sind geradezu ideal für eine derartige Nutzung. Gleichwohl galt es natürlich, den militärischen Duktus der Kasernenarchitektur zu brechen. Sechs Mannschaftsgebäude wurden mit neuen Erschließungen, Sanitärbereichen und Gemeinschaftsräumen studententauglich gemacht und durch zwei aus der strengen Gebäudeflucht herausgerückte Punkthäuser ergänzt. Zusätzlich wurde gegen die Merzhauser Straße ein abschließender Riegel geschaffen, indem einer der Blöcke überbaut und auf die doppelte Länge erweitert wurde. Um den strengen Kaser-

*Luftbild der
ehemaligen
französischen
Kaserne*

nencharakter des Bauensembles aufzulockern, wurden die zwischen die Altbausubstanz gesetzten Ergänzungen bewusst kleingliedrig und leicht gestaltet, was einerseits durch Transparenz, andererseits durch Aufstelzen auf schlanke Stützen erreicht wurde, welche die mit Stahltreppen erschlossenen Anbauten über der Erde schweben lassen.

Gediegenes, für Soldatenstiefel geschaffenes Parkett, das für diese Bauaufgabe heute sicherlich nicht mehr finanzierbar wäre, wurde von Turnschuhen erobert, den Kasernenhöfen eine lockere studentische Campus-Atmosphäre gegeben.

Besondere Aufmerksamkeit wurde den beiden roten Würfeln gewidmet, die zwei Mannschaftsgebäude verbinden und den Campus nach Norden abschließen. Das Stahlgerippe der Treppenüberdachung wirkt als Rückgrat der gesamten Siedlung.

Überbautes und erweitertes Mannschaftsgebäude an der Merzhauser Straße

**Kindertagesstätte
Rahel-Varnhagen-Str. 23
Vauban**

**Architekturbüro:
Muffler Architekten,
R. Glocker**

**Bauherr: Stadt Freiburg
vertreten durch
Städt. Hochbauamt**

1999

42

Die flach gelagerten Bauvolumen der Kindertagesein-
richtung bilden städtebaulich einen klaren Abschluss-
riegel für die Wohnbebauung im Süden des Stadtteils
Vauban. Die Wegebeziehungen verdichten sich im Bereich des Eingangs zu einem kleinen Platz.

Während die Nordfassade gegen den Straßenraum
kompakt und geschlossen auftritt, öffnet sich die Südseite zum Landschaftsraum des Dorfbaches. Ein visu-
elles Erkennungszeichen setzt die kleinteilige Fensterreihung am nordwestlichen, etwas erhöhten Gebäude-
block, hinter der sich ein Mehrzweckraum für Turnen
oder auch kleine Veranstaltungen verbirgt. Die einzige
große Verglasung im Norden bezeichnet zwei separat
erschlossene Jugendräume, die für eine Nutzung durch
die benachbarte Schule geplant wurden.

Der äußeren Erscheinung entspricht die Raumstruktur
im Inneren. Im Norden schirmt eine den Gruppenräu-

men vorgelagerte Nebenraumspange zur Straße hin
ab. Ein großzügiger, von oben belichteter Flur leitet zu
den einzelnen Gruppenräumen über. Räumliche Differenzierung kennzeichnet deren Struktur. So steht eine
zweite Raumebene in Form einer Galerie zu Verfügung,
die den Kindern eine über Treppen erschlossene Rück-
zugsmöglichkeit bietet. Um Dunkelzonen im Galeriebe-
reich zu vermeiden, sind diese zusätzlich über breite,

rundum verglaste Gaupen belichtet. Darüber hinaus
existiert, quasi als Raum im Raum, ein schalltechnisch
entkoppeltes Bastelzimmer.

Der Übergang nach draußen auf die Wiese wird in
mehrere Zonen über einen Spielrost und eine Sand-
mulde gestaffelt.

Während auf der Nordseite für Wände und Decken
leichte Holzkonstruktionen gewählt wurden, ist die Zone der Gruppenräume aus schalltechnischen Gründen
in Stahlbeton und schwerem Mauerwerk ausgeführt.

Insgesamt dominiert in der Kindertagesstätte eine
schlichte und durch die lineare Reihung der Räume
leicht überschaubare Struktur, die dennoch dem kind-
lichen Bedürfnis nach Rückzugsmöglichkeiten und Ku-
schelecken entgegenkommt. Die großzügigen und fan-
tasievoll gestalteten Spielflächen, die sich im Süden
gegen die Berglandschaft öffnen, suchen natürlich Ih-
resgleichen.

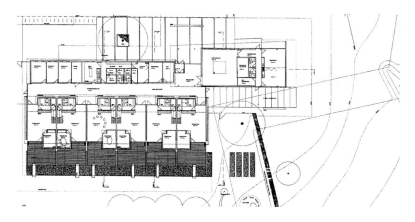

Karoline-Kaspar-Schule
Paula-Modersohn-Platz

Architekten:
1.+2. Bauabschnitt
Böwer, Eith, Murken,
Spiecker und Mosaik
3. Bauabschnitt
Broß, Pulling

Bauherr:
Stadt Freiburg

1999 / 2003

43

Durch die Baumassen der Solargarage gegen die Merz-hauser Straße abgeschirmt, wendet sich die Grund-schule in gedehntem Winkel nach Südwest. Vier große auf dem Baugrund stehende Platanen wurden ge-schont und bestimmten die Verteilung der Bauvolu-men. Die Bäume dominieren heute die wunderbare Atmosphäre des weitläufigen, nach Süden offenen Pausenhofes. Unterstrichen wird die Dominanz der Bäume durch die ins Erdreich versenkte und dadurch sehr flach gehaltene Sporthalle.

Die Schule wurde in zwei, im Abstand weniger Jahre aufeinander folgenden Bauabschnitten realisiert und dabei von zwei auf drei Züge erweitert. Im Bereich zwi-schen Sporthalle und Klassenzimmertrakt entwickelt sich die durch eine mobile Trennwand erweiterbare Pausen- und Eingangshalle als verbindendes Gelenk des Schulbaus über beide Stockwerke. Der abnehmen-den Dichte des Schülerverkehrs folgend verjüngt sich

der von der Halle ausgehende Flur entlang der Klas-senzimmer in spitzem Winkel.

Für den transparenten und offenen Charakter zum Außenraum sind neben der Sichtbeziehung auch die Stahltreppen wichtig, die den Schulhof für die Klassen-räume im OG direkt erschließen. Der bunte und heitere Charakter der äußeren Gestaltung setzt sich im Inneren mit den kontrastreich eingesetzten Materialien Ahorn, farbigem Linoleum und lasierten Betonoberflächen fort. Neuer pädagogischer Auffassungen entsprechend, ergeben sich in Fluren und Halle viele Möglichkeiten zum Rückzug aus dem Klassenverband und zu eigenständiger Freiarbeit, alleine oder in Gruppen.

Eine knallrote Wandscheibe bildet einen Riegel gegen den nördlich gelegenen Paula-Modersohn-Platz – über dem Haupteingang die Fenster von Rektorat und Lehrerzimmer. Entlang der Rahel-Varnhagen-Straße wurde der zweite Bauabschnitt realisiert, der, wiederum unter Berücksichtigung einer Platane, den winkelförmigen Gebäudegrundriss zum Z erweitert. Weit schiebt sich der geschlossene Kubus des Anbaus mit seiner Holzlamellenfassade in den Platz vor und scheint mit dem kräftig ausgreifenden Geäst der knorrigen Platane zu kommunizieren.

Inzwischen ist auch der dritte Bauabschnitt an der Rahel-Varnhagen-Straße realisiert worden. Als Solitär von der übrigen Schule getrennt, besetzt der rötliche Kubus die frei gebliebene Fläche an der Rahel-Varnhagen-Straße. Er ist als sogenannter Verfügungsbau konzipiert, was bedeutet, dass er bei schwindenden Schülerzahlen flexibel umgenutzt werden kann.

Ein rundum Sympathie und Identifikationswerte ausstrahlender Schulbau, der trotz ästhetischen Anspruchs auf spektakuläre Gesten und gestalterische Dogmatik verzichtet.

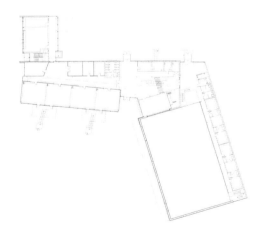

Modell. Im Vordergrund 2. Bauabschnitt

**Solar-Siedlung
Sonnenschiff
Merzhauserstraße**

**Architekturbüro
Rolf Disch**

**Bauherr:
Solarsiedlung GmbH**

2003 – 2006

44

Städtebaulicher Abschluss der Solarsiedlung ist das Sonnenschiff, als letzter Bauabschnitt gerade fertiggestellt. Die Siedlung wird durch den geschlossenen Riegel des Dienstleistungszentrums gegen die Merzhauser Straße abgeschirmt. Ein unorthodoxer Rhythmus aus horizontaler Stockwerksgliederung, verglasten Treppenhäusern und geschlossenen Aufzugstürmen reiht sich auf 125 Metern entlang der Verkehrsachse. Soweit die städtebauliche Situation.

Im Vordergrund der Planung stand hier selbstverständlich das zukunftsweisende energetische Konzept, das neueste Entwicklungen im Bereich Energieeinsparung beinhaltet. Da wäre als Erstes die Vakuumdämmung zu nennen: Ein stabiler, mikroporöser Materialkern wird von Verbundfolien umschlossen, so dass im Inneren anschließend ein Vakuum erzeugt werden kann. Ergebnis ist eine Dämmpaneele nach dem Prinzip einer Thermoskanne, die den Dämmwert üblicher Materialien um das zehnfache übersteigt. Doch nicht nur eine hervorragende Dämmung, sondern auch filigrane

Dämmquerschnitte werden ermöglicht, die neben dem innewohnenden ästhetischen Potenzial vor allem einen beachtlichen Flächengewinn erwirtschaften.

Bereits häufiger eingesetzt wird ein Latentwärmespeicher mit Phasenwechselmaterialien in Decken und Wänden. Durch Schmelzvorgänge eingemischter Paraffinkügelchen wird überschüssige Wärmeenergie im Sommer absorbiert und sorgt für ein angenehmes

Raumklima – eine Entwicklung des Fraunhofer-ISE.
Ein neuartiges Lüftungssystem, das sich hinter den bunten, aus der Fassade hervortretenden Paneelen verbirgt, sorgt einfach und effizient für weitere Energieeinsparung. Mit Wärmetauschern ausgestattet kann dieses Lüftungsprinzip der Abluft Wärme entziehen, um sie der einströmenden Frischluft zuzuführen.

Freilich sind die Möglichkeiten der passiven Energiegewinnung durch Sonneneinstrahlung ebenfalls sinnreich ausgenutzt und dem Gebot der Nachhaltigkeit durch die Verwendung natürlicher, nachwachsender und recycelbarer Baustoffe Rechnung getragen.

Als frecher Konventionsbruch inszeniert, sind vier Plusenergie-Reihenhauszeilen aufs Flachdach gesetzt. Umgeben von Grünflächen geben sie einen Hinweis auf die sich hinter dem Gebäuderiegel ausdehnende Wohnbebauung der Solarsiedlung und bilden mit ihren nach Süden orientierten Pultdächern die „Segel" des Sonnenschiffs. Ein Viermaster, der Maßstäbe setzt.

Die Weiterentwicklung der Vakuum-Isolationspaneelen (VIP) zielt derzeit auf die Erforschung von Dämmstoffen, bei denen durch kurze Spannungszufuhr gebundener Wasserstoff freigesetzt wird. Dadurch erhöht sich der Innendruck der Paneele und damit die Leitfähigkeit. Ziel ist die Enwicklung eines schaltbaren Dämmstoffes, der den aktuellen klimatischen Bedingungen angepasst werden kann. Sonnenschutz wie er bei der Transparenten Wärmedämmung (TWD) notwenig ist, könnte damit entfallen, passive Sonnenenergie auch an unverglasten Flächen genutzt werden.

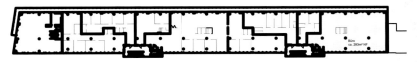

2. Obergeschoss

1. Obergeschoss

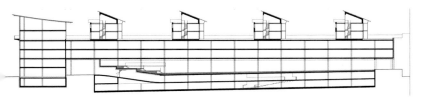

**Solar-Siedlung
Elly-Heuss-Knapp-Straße**

**Architekturbüro
Rolf Disch**

**Bauherr:
Solarsiedlung GmbH**

1999–2006

45

Bewohnte Kraftwerke werden sie genannt, die Reihenhauszeilen der Solarsiedlung am Freiburger Schlierberg, deren letzte Zeile gerade gleichzeitig mit dem Sonnenschiff fertiggestellt wurde.

Streng nach Süden ausgerichtet sind die Pultdächer vollflächig mit Photovoltaik-Modulen belegt – keine Dächer mit Solarzellen, sondern Dächer aus Solarzellen. Die Paneele werden damit dem Status der technischen Zutat entbunden und zum Baustoff selbst. Das Ziegeldach wird überflüssig.

Dadurch werden Plusenergiehäuser möglich, die dreimal soviel Strom erzeugen, wie sie selbst verbrauchen. Die Überschüsse können dank Energieeinspeisungsgesetz ans Netz verkauft werden. Mit dem Erlös sollen die Investitionen finanziert werden. Das Netz dient gleichzeitig als Speichermedium für sonnenarme Tage. Lange gespeicherte Sonnenenergie wird durch die Verwendung des Baustoffs Holz abgerufen, denn alle Häuser der Solarsiedlung sind aus Holz errichtet. Und

*Südseite
Nordseite*

auch damit wird viel Energie gespart: Der Produktionsprozess beim Baustoff Holz benötigt nur einen Bruchteil des Energiebedarfs anderer Baustoffe. Und auch die Wärmeversorgung durch das siedlungseigene Hackschnitzel-Blockheizkraftwerk setzt auf diese regenerative, CO_2-neutrale Energie.

Ein dezentrales Lüftungssystem mit Wärmerückgewin-

nung bei der Abluft, sowie eine Dämmpackung mit stolzen 40 cm Querschnitt machen den Wärmeverlust minimal, die Häuser der Solarsiedlung zu echten Sparpaketen.

Doch die Vision der Solarsiedlung beschränkt sich keineswegs auf den Bereich Wohnen. Integraler Bestandteil des Konzepts ist auch die stadtnahe Lage mit ihrer direkten Anbindung an die öffentlichen Verkehrsmittel, seit 2006 sogar an die Straßenbahn. Das ermöglicht einen Verzicht aufs Auto. Und demjenigen, dem es nicht möglich ist vollkommen aufs Auto zu verzichten, steht das Car-Sharing offen, selbstverständlich auch mit Elektromobilen, die im hauseigenen Kraftwerk geladen werden.

Selbst im Finanz- und Investment-Sektor ist der Freiburger Visionär Disch aktiv: Ein Einkauf in den Solarfond, weltweit der erste solare Immobilienfond, kann den Umweltgedanken nachhaltig stützten.

Rolf Disch ist immer ein Quäntchen konsequenter, wagemutiger, radikaler – immer eine Nasenlänge voraus.

DG

OG

EG

Solarhaus „Heliotrop"
Ziegelweg 28

Architekturbüro:
Rolf Disch
mit Werner Miller

Bauherr:
Rolf Disch

1994

46

Der aus dem Griechischen entlehnten Begriff Utopie heißt wörtlich „Nirgendort": Was nirgends seinen konkreten Ort hat, ist auch im Überall denkbar.

Helio-trop: Sonnen-Wende. Ein in doppelter Hinsicht programmatischer Name. Hinweis sowohl auf eine angestrebte energiepolitische Wende, als auch auf die Drehbarkeit des gesamten Rundlings, der sich dem Lauf der Sonne folgend kaskadenartig in den Himmel schraubt.

Das komplett als Holzkonstruktion ausgeführte Gebäude gruppiert die Räume radial steigend um eine zentrale Hohlsäule, die eine Wendeltreppe und im Kern die Installationsleitungen aufnimmt. Der Grundriss ist in 18 Segmente geteilt. Jeweils fünf Segmente bilden einen Raum. Dazwischen immer ein Segment als Nebenraum, wie z.B. Waschküche, Speisekammer oder begehbarer Kleiderschrank. Eine Höhendifferenz von 90 cm zwischen den Einzelräumen summiert sich nach 360 Grad zur Stockwerkshöhe von 270 cm. Erschließungsflure entfallen.

Das Haus repräsentiert hohes technisches Niveau: Die Fertigung erfolgte mit CNC-Technik; Computergesteuerte Drehung des Hauses nach dem Sonnenstand auf einem Lager mit 2,90 m Durchmesser und 240 Stahlkugeln; elektronisch gesteuerte Photovoltaikmodule, Röhrenkollektoren, Lüftungsanlage mit Erdwärmetauscher, Zentralstaubsauger. Kombiniert mit verschiedenen thermischen Speichern und einer Dreifach-Wärmeschutzverglasung ergibt sich ein energetisches Gesamtkonzept, das Maßstäbe setzt. Ein minimierter Wasserhaushalt, dessen Kernstück eine Trockenkomposttoilette darstellt, die alle organischen Abfälle des Hauses aufnimmt – die Abwässer können fäkalienfrei auf dem Grundstück vorgeklärt werden – komplettieren den Bau zu einer ökologisch runden Sache.

Selbst wenn der technische Aufwand die nackte ökonomische Effizienz übersteigen mag und die ökologische Gesamtbilanz zu hinterfragen ist: Das Heliotrop ist mehr als Zahlenwerk, es ist gebaute Utopie, Vision und Manifest für ökologisch verantwortliches Denken und Handeln.

Bedenkt man, dass die meisten utopischen Entwürfe der Architekturgeschichte – sei es aus Wirtschaftlich-

Antriebsmotor

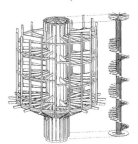

keitsgründen oder mangels technischer Realisierbarkeit – auf dem Papier geblieben sind, so gewinnt das Gebäude, errichtet in einer Zeit, in der kaum positive Utopien, sondern vielmehr die orwell'sche Anti-Utopie dominiert, eine beeindruckende Dimension als realisiertes Abbild erträumter Zukunft, die in Freiburg mittlerweile ein Stück Realität geworden ist.

Grundriss und isometrische Ansicht der Holzkonstruktion

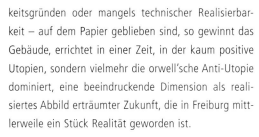

**Wohnanlage
Schildackerweg**

**Architekturbüro:
GPF & Assoziierte,
G. Pfeifer, R. Mayer mit
P. M. Bährle, E. Hudentz,
B. Kempf**

**Bauherr:
Siedlungsgesellschaft
Freiburg vertr. durch
Freiburger Stadtbau
GmbH**

1991

47

Eine typische Siedlung der 50er-Jahre – offene Strukturen, weite Sichtachsen, fern von Häuserschluchten und dem starren System einengender Blockstrukturen – wird durch einen zusätzlichen Gebäuderiegel nach Süden geschlossen. Zu Beginn der 90er-Jahre sind dabei natürlich sofort die Städtebau-Diskussionen der 80er-Jahre präsent, die sich gegen den in den 50er-Jahren geprägten Begriff der „Stadtlandschaft" wenden und eine „Stadtreparatur", Urbanität und eine Rückkehr zur geschlossenen Blockrandbebauung des 19. Jahrhunderts fordern.

Die Siedlungen der 50er-Jahre rufen heute durchaus zwiespältige Gefühle hervor: Einerseits die bisweilen Beklemmung auslösende biedere Architektur der Häuserzeilen selbst – andererseits die Grünflächen, die über die heute praktizierten, begrünten Innenhöfe weit hinausgehen, im Schildackerweg sogar an herrschaftliche Parklandschaften erinnern. Die Planung der Architekten sah im Süden zunächst ein sechsgeschossiges Punkthaus vor, das sich in die historische Situation integriert hätte. Leider war diese Entwurfsidee letztlich nicht durchsetzbar.

Süd- und Nordseite der neuen Zeile. Die bewusste Abkehr von den offenen Strukturen der 50er-Jahre kommt auch in der Gartenzaunähnlichen Bepflanzung mit Hecken zum Ausdruck, die den Baublock im Norden vom Parkgelände abschotten.

Die neue Zeile rekurriert bewusst auf die sparsame Typologie früherer Arbeiterhäuser aus der Zeit der Industrialisierung: Ein steinerner Wohnteil plus eine hölzerne, ungeheizte Erschließungszone. Die Übertragung ist jedoch nur symbolisch, denn die Erschließungen werden hier als kalte Treppentürme realisiert, hinter

der Holzverschalung befindet sich warmer Wohnraum. Der architektonische Charakter der neuen Zeile setzt sich deutlich von den Zeilen der 50er-Jahre ab. Den wirtschaftlichen Bedingungen des sozialen Wohnungsbaus Rechnung tragend waren die finanziellen Mittel knapp bemessen. Dennoch entstand ein Gebäude, das in seiner Schlichtheit und Klarheit einen starken Ausdruck findet, sich von der Tristesse der Ökonomiebauten, wie sie im sozialen Wohnungsbau häufig zu beklagen sind, absetzt und mit seinen Terrassen und Loggien gleichzeitig ein beachtliches Maß an Wohnqualität bietet, wenngleich die überschlanken Zuschnitte der Kinderzimmer von 2,1 x 6,5 m Phantasie bei der Möblierung erfordern, da nachträglich eine weitere Wohnung in jedes Stockwerk gepresst werden musste.

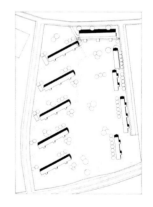

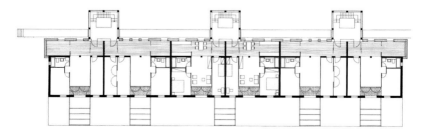

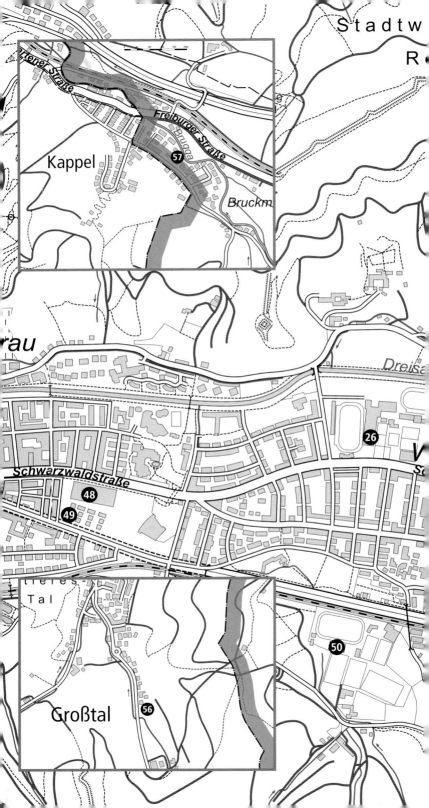

Stadtw

R

Wiener Straße

Freiburger Straße

Brugga

Kappel

Bruckm

57

rau

Dreisa

26

V

Schwarzwaldstraße

48

49

Tal

Großtal

56

50

Distr. V

Gü\nterstal

Schauinslandstraße

ee

ldstraße

Schwarzwald

bstraße

Littenweiler

Kappler

Zentrum Oberwiehre und Wohnbebauung alter Messplatz Schwarzwaldstraße / Schützenallee

Städtebaulicher Gesamtentwurf: Horbach, Melder und Binkert

Zentrum Oberwiehre: Hubert Horbach mit Melder + Binkert

Landschaftsarchitekten: AG Freiraum

Bauherren Stadt Freiburg bis 2001 Timon Bauregie 2001–2003 Strabag 2003–2004

2001–2006

48

Der alte Messplatz: Über viele Jahre stand dort einsam die Stadthalle, dieses ebenso charmant wie couragiert auftretende Zeugnis aus den dynamischen Gründungsjahren unserer Republik und musste sich lange mit einer Umgebung begnügen, die nur eine zumeist als Parkplatz genutzte Fehlstelle im Stadtgefüge abgab. Wie könnte der Bau noch heute brillieren, gäbe man ihm einen adäquaten städtebaulichen Resonanzkörper! Die entscheidenden Flächen dafür liegen noch brach.

Die westlichen Bereiche des Areals erhielten jetzt mit dem neuen Zentrum Oberwiehre und einer flächenmäßig ähnlich dimensionierten Wohnbebauung Struktur.

Der Standort für das Einkaufszentrum war umstritten. Die Vorstellung kommerzieller Großstrukturen in der Oberwiehre entzweite die Gemüter. Dabei ist die Entscheidung, ein derartiges Zentrum als Wettbewerb auszuschreiben, also architektonische Qualität einzufordern, und dabei in unmittelbarer Wohnnähe zu platzieren ebenso mutig wie auch weise und vor allem weitsichtig orientiert. Die vor die Stadt verbannten Alternativen und ihre Folgeerscheinungen sind im Westen und Norden unserer Stadt gut zu studieren.

Den Architekten gelang es, diese Großstruktur von 150 Meter Länge zu bändigen: Es wurde eine städtebaulich ordnende Dominante gesetzt, die ihre Umgebung aber nicht erschlägt. Ein feines Gliederungssystem zerteilt

die Großform in maßstäbliche Volumen. Da finden sich wohlproportionierte Gebäudeeinschnitte, ein Rhythmus aus Glas- und Wandflächen, der funktionale Transparenz erbringt, und eine Aufteilung in Einzelmodule durch das offen gezeigte Betonskelett: Das vielzitierte „menschliche Maß" wurde eingehalten. Die teilweise in Lamellen über die Fenster geführte Fassadenhaut aus Tonplatten stärkt die Gesamterscheinung. Der nach Westen vorgelagerte Schotterplatz mit seinem alten Baumbestand bringt Ruhe und Weite in die Geschäftigkeit und zeigt hervorragend, wie mit einfachsten Mitteln atmosphärisch wunderschöne Platzgestaltung nach französischem Vorbild möglich ist.

Freilich ist das Gebäude selbst der kommerziellen Nutzung überlassen, was nicht nur dem Eingangsbereich, sondern auch dem Inneren seinen Stempel aufprägt. Und wie wir Freiburger aus der Erfahrung von der Schwarzwaldcity wissen, muss bei der Entwicklung eines derartigen Zentrums auch Geduld walten. Bei aller Kritik aber darf man bei der Wertung vor allem eines nicht vergessen: Nämlich mit welchen Vergleichsmaßstäben hier gemessen werden muss – Die Vorstadtalternativen sind uns leider schon viel zu selbstverständlich geworden.

Wohnzeile am ZO-Platz

Architekten:
Melder + Binkert mit
Hubert Horbach

2005

Sonstige
Wohnbebauung:
Architekten:
rolf + hotz, H. Horbach,
G. Lehmann,
Chr. Edmaier,
Becker u. Haindl,
Melder u. Binkert

49

Die städtebauliche Situation wirkt vordergründig banal, baut aber bei näherer Betrachtung ein raffiniertes und überzeugendes Bezugssystem zur vielschichtigen, historisch gewachsenen Umgebung auf.

Im Westen wird die Bebauung zum Platz hin mit einem langen Wohnriegel geschlossen. Durch sein zurückspringendes Sockelgeschoss öffnet sich das Gebäude der Weite des Platzes und dem Publikumsverkehr im Bereich der Geschäfte. Mit seinen changierenden Ockertönen und einem frechen Schuss ins Orange schafft dieser elegant gegliederte Bau eine Verbindung zwischen den historischen Schulbauten der Schützenallee und den Tonplatten des ZO. Auch funktional findet hier eine Vermittlung statt, indem die Geschäftsatmosphäre des Einkaufszentrums im Norden des Erdgeschosses aufgenommen wird und langsam nach Süden ausläuft. Diesem Gedanken folgt auch konsequent die Modellierung des Platzes. Ein erfreulich positives Beispiel für Außenraumgestaltung.

Dahinter gestellt ist eine Doppelreihe von Punkthäusern, die gegen das ZO mit dichter gestellten Wohnzeilen abgeschirmt wird. Ein keilförmiger Grüngürtel öffnet sich hier zur Stadthalle, die leicht aus der Achse gedreht exakt auf den Münsterturm fluchtet: Ein schönes, fast vergessenes Symbol für die von Verzweiflung geprägten Hoffnungen der Nachkriegszeit.

Durch die Drehung der Stadthalle wird eine zweite Keilform geöffnet, die sogenannte Hirzbergspange, die intensiven Kontakt zu den Parkanlagen der Musikhochschule aufbaut – ein vielversprechendes Potential, das zu nutzen lohnen würde. Zusammen betrachtet wird hier ein städtebauliches Bezugssystem geschaffen, das in sich stimmig viele Aspekte dieses einst sehr nervösen Stadtgefüges harmonisiert.

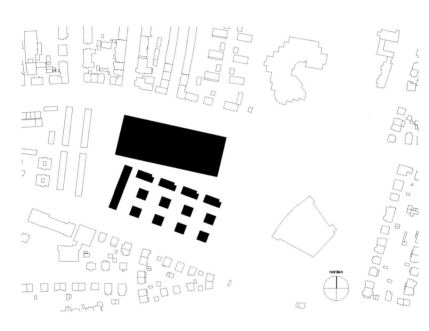

norden

So positiv die Überplanung des alten Messplatzes insgesamt beurteilt werden kann, sie hat eine sehr düstere Facette: Die Chancen für ein langfristiges Überleben der Stadthalle stehen derzeit trotz idealer Integration im Wettbewerbsentwurf ziemlich schlecht. Ein städtebaulich überaus wichtiges Scharnier würde damit herausgebrochen – ganz abgesehen von dem damit verbundenen unwiederbringlichen Verlust eines wirklich beeindruckenden Baumonuments.

Fußballschule am
Möslestadion
Waldseestraße 75
Waldsee

Architekten:
rolf + hotz mit
S. Drawert, C. Steiert,
M. Eichmann

Bauherr:
SC Freiburg

2001

50

Um die Nachwuchs-Situation zu verbessern, sind die Vereine der 1. Bundesliga seit Herbst 2001 zur intensiven Jugendarbeit verpflichtet. Der SC entschloss sich schon vorher, das alte Mösle-Stadion zu sanieren und durch Neubauten zu ergänzen, um seinen Jungtalenten eine optimale Förderung zu bieten.

An die alte Tribünenkonstruktion wurde parallel ein neuer Gebäuderiegel gelegt. Durch eine lichte offene Halle vom Altbau distanziert, wird es dabei möglich, die interessante Rasterfassade aus den 50er-Jahren zu erhalten und ihr als Kulisse neue Geltung zu verschaffen.

Das Raumprogramm des Neubaus gliedert sich in einen öffentlichen Bereich im Erdgeschoss, der mit Gaststätte und Rehabilitationszentrum ausgestattet ist. Im Obergeschoss finden ein Internat für Nachwuchsspieler, sowie einige Büroflächen Platz.

Die Halle als Verbindungsglied zwischen Alt und Neu

Das über die Halle belichtete Untergeschoss bietet Raum für Duschen, Umkleiden, Sauna, Entmüdungsbad und eine kleine Sporthalle. Die Erschließung der drei Etagen erfolgt über ein Laubengangsystem in der Halle.

Um die Aussicht auf die landschaftlich reizvolle Umgebung nicht zu verbauen, wurde die Sporthalle in den Baugrund versenkt. Sie schließt oben mit der Gelände-

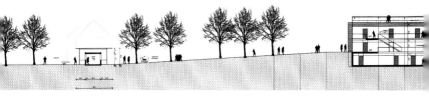

kante ab und wird durch einen Oberlichtkasten, der konsequenterweise mit der Glashalle fluchtet, großzügig belichtet.

Problematisch ist aus denkmalpflegerischer Sicht natürlich die „Verbauung" der historischen Fassade. Ihr ursprüngliche Funktion ist damit, zumindest für die Bestandsdauer des neuen Anbaus, verloren. Doch ist es nicht legitim, historische Bauten neu zu interpretieren? Wichtig ist es, den Substanzerhalt zu gewährleisten, zu verhindern, dass mit jedem Umbau ein wertvolles Stück Originalsubstanz unwiederbringlich verloren geht. Die Fassade ist Kulisse geworden – doch wird ein Gebäude nicht zwangsläufig im Lauf der Zeit seiner Authentizität beraubt und in geschichtlichem Kontext zur Hintergrundskulisse unserer Zeit.

Zum Abschuss bereit?

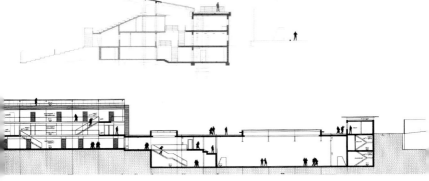

**Sprachkolleg für
studierende Ausländer
Kappler Straße 57a**

**Architekten:
Erzbischöfliches
Ordinariat Freiburg
Christof Hendrich
Hans-Peter Heitzler**

**Bauherr:
Erzbischöfliches
Ordinariat**

1997

51

*Treppenhaus mit Wandober-
flächen aus korrodiertem
Corten-Stahl.
Multifunktionale Empfangshalle*

Der Beton blickt zurück auf eine Geschichte wechsel-voller Akzeptanz. Zu Beginn des Jahrhunderts von den avantgardistischen Architekten als cleaner High-Tech Baustoff gefeiert, als béton brut – hässlicher Beton und Sichtbeton von Le Corbusier mit seinen ästheti-schen Eigenschaften neu entdeckt. In den 50er- und 60er-Jahren Konstruktionsmaterial der „unbegrenz-ten" Möglichkeiten. Durch die proportionslosen und überdimensionierten „Bunkerbauten" der 70er-Jahre schließlich in schweren Misskredit geraten. Die Bau-stoffindustrie reagierte klug: „Beton – kommt drauf an was man draus macht". Wie richtig dieser Werbeslo-gan lag, zeigt die Beton-Renaissance der 90er-Jahre mit den geradezu streichelzarten und schwerelosen Oberflächen eines Tadao Ando oder der Schweizer Mi-nimalisten: „Marmor der Moderne".

Einen virtuosen Umgang mit den visuellen Werten von Baustoffen zeigen die Architekten beim Sprachkolleg der Erzdiözese Freiburg, wobei die Oberflächenqualitä-ten des Betons vor allem im Innenraum inszeniert wer-den. Bei der programmatisch anmutenden Wandschei-be am Entree wird allerdings eine ganz unbekannte Beton-Ästhetik entwickelt, die mit ihrer aufgebroche-nen Oberfläche auf das raue Innenleben dieses Bau-stoffes zielt. Nach außen gewendet ist ansonsten der Baustoff Holz in Form einer Verschalung aus Lärchen-holzstäben, die der Witterung ausgesetzt vergrauen, und dadurch schon an einigen Stellen jenes wunder-bare Lichtspiel aus unterschiedlich schimmernden Grautönen zeigen, das unbehandeltem Holz zu Eigen ist.

Der Baukörper ist aus mehreren pultdach-gedeckten Volumina zusammengeschoben, wobei der verglaste Mittelteil der Giebelseite die Erschließungsachse mar-kiert. Im Osten schließen sich Büroräume, die Biblio-thek und Gemeinschaftsräume an. Im Westen die Unterrichtsräume und ein gebäudehohes Foyer, das in seiner Funktion offen bestimmt ist und sowohl als Pau-senraum wie auch als Versammlungs-, Ausstellungs-oder Konzerthalle genutzt werden kann.

Für die Oberflächen des Innenraums wurden Werkstoffe gewählt, die in der Regel weniger als Sichtoberflächen, sondern eher als Konstruktionsmaterialien verwendet werden: OSB- und Holzwolle-Leichtbauplatten, Kalksandsteine, korrodierte Stahlplatten. Dazu kommen verschiedene Arten von Sichtbetonoberflächen, die einen kreativen Umgang mit dem Material zeigen, wie zum Beispiel die geschmeidig anmutende Wellenstruktur in den Klassenzimmern.

So schlicht die hölzerne Außenhaut auftritt: im Inneren erklingt ein Akkord verschiedener Materialien, die überzeugend und subtil aufeinander abgestimmt sind – Sinnbild für die Pluralität der internationalen Schülerschaft aus über 60 Nationen.

157

Schwär
Brillen-Kontaklinsen
Heinrich-Heine-Straße

Architekturbüro:
Thoma, Lay, Buchler

Bauherr:
Heiner Schwär

1997 + 1999

52

Corporate Identity – ein ausgeleiertes Schlagwort – beim Optiker in Littenweiler wird man mit einer Innenarchitektur konfrontiert, die diesem Anspruch gerecht wird.

Im Kopfbau der —> Seniorenwohnanlage in Littenweiler, ließ sich neben verschiedenen anderen Geschäften und einem Café auch ein Optiker nieder, bei dem man schon beim Betreten des Ladens schärfer zu sehen glaubt. Minimalistisch designtes Mobiliar aus Eichenholz empfängt den Kunden mit erfreulicher Präzision und Klarheit.

Alles entscheidend in der Optik ist bekanntlich neben den passenden Linsen das Licht, und so zeigt sich die Planung sehr kreativ, den Laden, der sich über Erdgeschoss und Untergeschoss erstreckt, mit Licht zu versorgen. Oben bereitet das naturgemäß weniger Schwierigkeiten. Um die Lichtsituation auch im Untergeschoss befriedigend zu gestalten, wurde innen an

Untergeschoss

der Fassadenkante ein Lichtgraben eingeschnitten. Das heißt, der Erdgeschossfußboden wurde nicht bis an die Glasfassade geführt, sondern endet vorher. Man betritt das Geschäft also über eine kleine Brücke, die den Lichtgraben überspannt, in den auch die Treppe nach unten eingeschoben ist.

Herzstück der Einrichtung ist der wie eine archaische Feuerstelle wirkende, massive Block aus Sichtbeton in der Thekenzeile, der das gefühlsmäßige Zentrum der Ladenfläche darstellt. Materialität und Gewicht heben ihn deutlich aus dem ansonsten hölzernen Mobiliar

Erdgeschoss

heraus. Dynamik in die Einrichtung bringt nicht nur die starke Perspektivwirkung der linearen Regalsysteme: Eine schlaue Lösung für die kleinen Beratungstische, die auf Schienen entlang der unteren Hängeschränke beliebig verschoben werden können, betont noch weiter diesen Entwurfsgedanken. Ein dunkler Schieferfußboden rundet das schlichte, edle Ambiente ab und verspricht Solidität und festen Stand, was aus der Materialität zurückübersetzt bedeutet: fachmännisch fundierte Beratung.

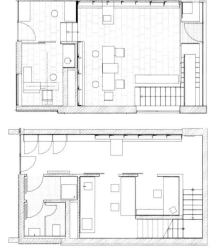

Erdgeschoss

Untergeschoss

159

**Altenwohnanlage
„Kreuzsteinäcker"
Heinrich-Heine-Straße**

**Architekturbüro:
Harter + Kanzler**

**Landschaftsarchitekt:
Pit Müller**

**Bauherrin:
Heilig-Geist-
Spitalstiftung**

2000

53

Drei- und viergeschossige Gebäudezeilen gruppieren sich um ruhige, begrünte Innenhöfe, die von einem halböffentlichen Wegesystem durchzogen werden. Die Erschließung der Wohnungen erfolgt über ein offenes Laubengangsystem, das als Kommunikationszone konzipiert ist und die einzelnen Baueinheiten horizontal verbindet. Straßenseitig sind die Laubengänge durch Verglasung vor Straßenlärm geschützt, hofseitig offen und zur Benützung als Freisitz mit Kontakt zum Innenhof einladend. Die straßenseitige Bebauung ist gegenüber den übrigen Gebäuden um ein Stockwerk erhöht, als abschirmende Barriere angelegt.

Die Anlage bietet Platz für betreutes Wohnen im Alter, das auch bei späterer Pflegebedürftigkeit ein dauerhaftes Verbleiben am selben Wohnort ermöglicht. Ziel der Konzeption ist vor allem die soziale Integration der Bewohner. Diesem Ziel dient auch die ungewöhnliche Maßnahme, mit eingestreuten Familienwohnungen eine Generationen-Durchmischung zu realisieren.

Soziales und bauliches Zentrum stellt ein Flachbau als Begegnungsstätte mit Cafeteria dar, von wo aus sich vielerlei Wege- und Sichtbeziehungen erschließen.

Das 5-stöckige Turmgebäude im Südosten der Anlage bildet eine städtebauliche Dominante. Mit Arztpraxen

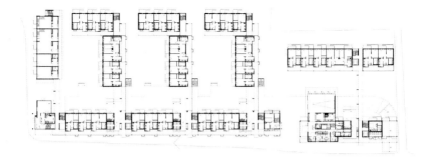

und Bistro ausgestattet liegt hier auch der Anschluss-
punkt zur Straßenbahn. Im Sinne des Integrationsge-
dankens ist die nahe Anbindung an die öffentlichen
Verkehrsmittel für die Selbstständigkeit der Bewohner
unerlässlich.

Der Entwurf orientiert sich ansonsten am kleinteiligen
Bebauungsmaßstab der Umgebung und bedient sich
einer zeitgemäßen Formensprache mit einer Beschränkung auf wenige Materialien. Dadurch ist auch die
städtebauliche Integration gegeben. Die Altenwohnanlage fügt sich unauffällig ein und nimmt damit in kei-
ner Weise eine Sonder- oder gar Außenseiterrolle ein.
Das Klischee, alte Menschen würden sich in moderner
Architektur nicht wohl fühlen, wären also in diesem
Sinne nur bedingt integrationsfähig, wird hier übrigens
eindrucksvoll dementiert.

Cafeteria

Kopfbau im Südosten

*Ein Blick lohnt auch ans andere
Ende der Straße, wo dasselbe
Architektenteam ein Gebäude
für die AWO errichtete.*

Badenova Stadion
Südtribüne
Schwarzwaldstraße 193

Architekturbüro:
rolf + hotz mit
M. Zeuner, K. Sinnwell,
B. Soergel, D. Hebel,
C. Sunder-Plasmann

Bauherr:
SC Freiburg e.V.

1995

54

Die Transparenz der äußeren Gestaltung eines Gebäudes im Sinne einer Offenlegung der inneren Funktionen war einmal Qualitätsmerkmal für gute Architektur. Heute ist diese Transparenz keineswegs mehr selbstverständlich. Die heute beliebten Lamellenfassaden beispielsweise geben meist nur noch einen vagen Hinweis auf Funktions- und Baugefüge.

Entscheidend bei der Planung der neuen Tribüne für das Stadion des SC war eine durch die Spielzeit bedingte kurze Planungs- und Bauzeit von nur zwölf Monaten. Die Architekten entschieden sich dementsprechend für eine Bauweise, die einen maximalen Vorfertigungsgrad und schnelle Montage erlaubte.

Die beiden Funktionen, Serviceeinrichtungen und Zuschauerränge, sind in der Materialwahl und auch als Baukörper scharf voneinander getrennt. Die Differenzierung ist an der Straßenfront klar ablesbar.

Unter die additiv aneinander montierten Stahlrahmen für die Tribüne schiebt sich als vollkommen eigenständiger Baukörper der Serviceriegel aus Betonfertigteilen. Der Bauablauf beider Teile konnte so relativ unabhängig vonstatten gehen.

Die Transparenz des Stadions beschränkt sich nicht nur auf eine straßenseitige Ablesbarkeit der Funktionen, sondern setzt sich in einer Individualisierung beispiels-

weise der Treppentürme, Kassenhäuschen oder der Kioske fort. Darüber hinaus funktioniert die Transparenz auch auf konstruktiver Ebene: Die Lastabtragung ist einfach und ersichtlich, ebenso die Aussteifungen.

Schlussendlich wird beim Stadionneubau auch Transparenz im Sinne einer Durchsichtigkeit des gläsernen Riegels hinter der Tribüne und der Seitenwände the-

matisiert. Die schräge Überdachung scheint über der Sitztribüne zu schweben.

Nach dem Dorf Ebnet, mit seiner kleinteiligen Bebauung bildet der 160 m lange Betonriegel und die darüber gestellte Zuschauertribüne einen Anschluss an den Bogen des Strandbades. Die Bauten bilden zusammen eine bauliche Zäsur im Sinne erster großer Bauvolumen, die in Richtung Innenstadt weisen.

Gelenkpunkt zwischen Dachträger und Hauptstützen.

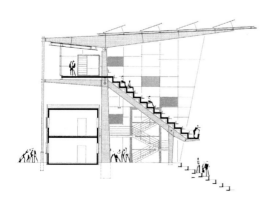

**Wohnhaus
Freiburg Günterstal
Kybfelsenstraße**

**Architekturbüro:
Kühn Malvezzi**

**Bauherr:
privat**

2001

55

Der Schein trügt: Nicht das gediegene, handwerklich gefertigte Holzhaus wurde durch Fertigbauweise erweitert, sondern umgekehrt. Ein „Fertighaus" aus den 50er-Jahren mit Anklängen an den nach der Jahrhundertwende so beliebten Schweizerhausstil wurde durch pavillonartig angeordnete, stereometrische Kuben neuen Raumansprüchen angepasst.

Der Kontrast könnte nicht größer sein: Dunkle Holzbauweise versus helle Immaterialität. Steildach versus Flachdach. Kleine Fensterchen versus großflächige Verglasung. Eine Provokation, die nicht mit dem Altbestand zusammenpasst?

Die Bauaufgabe ist eine alltägliche und so gibt es genug Vergleichsbeispiele. Alte Häuser, die durch „schicke", moderne Anbauten ergänzt werden. Meist ist das Ergebnis entstellend. Deshalb sollte man die auf den ersten Blick radikal anmutende Hauserweiterung in Günterstal auch besser als von Respekt vor dem Altbau getragene Maßnahme begreifen.

Das romantische Holzhaus lebt weiter, wird lediglich gerahmt, quasi in ein Passepartout gesetzt, aber in seiner Substanz nicht angegriffen. Im Gegenteil: Durch den starken Kontrast werden die Eigenwerte deutlicher herausgearbeitet, als wäre es in einen musealen Kontext versetzt worden.

Flügelartig umgeben die beiden Neubauten das alte Häuschen und bilden dabei reizvolle, geschützte Freiflächen aus.

Der Wohnwert im Inneren hat eine selten reichhaltige Palette atmosphärischer Werte zu bieten: Von der holzvertäfelten Kuschelecke mit knarzenden Dielen, bis zum lichtdurchfluteten, nüchtern-modernen Wohngefühl ist alles vorhanden. Und das in vollkommener Authentizität.

Was also zunächst als Affront gegen das Alte daherkommt ist in Wirklichkeit eine Geste des Respekts und der Wertschätzung. Manch Andere hätten das alte Häuschen einfach abgerissen.

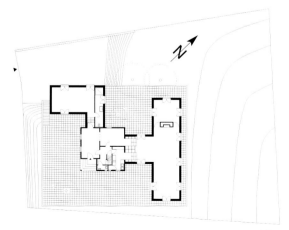

**Wohnhaus Kaiser
Großtalstraße**

**Architekturbüro:
Böwer, Eith, Murken,
Spiecker mit R. Buff**

**Bauherr:
Familie Kaiser**

2003

56

Welche Konsequenzen es haben kann, wenn Bauvorschriften in Siedlungsgebieten gelockert werden, demonstriert der „rote Würfel", eine Hinterhausbebauung in Kappel. Inmitten braver Siedlungshäuser mit ihren Steildach-Zipfelmützen ein echter „Hingucker". Was sich in dem Kubus, hinter der Schalung aus rot gestrichenen Glattkantbrettern verbirgt, ist schlichte, aber feine Innenarchitektur.

Abgesehen von einem kleinen Schlitzfenster im Treppenhaus öffnen sich sämtliche Verglasungen vom Boden bis zur Decke. Die Lage von Fenstern und Türen ist geschickt arrangiert, so dass der Blick immer in die Ferne schweift, nicht an den Wänden der recht nahe stehenden Nachbarhäuser hängen bleibt. Und Ferne heißt in Kappel: herrliche Ausblicke auf die Höhenzüge des Schwarzwalds!

Ein weitläufiger Gemeinschaftsraum mit offener Küche, der fast den gesamten Grundriss des Erdgeschosses beansprucht. Daneben noch Diele, Treppe und ein bescheiden kleines Arbeitszimmer. Im Obergeschoss die Privaträume. Dass man aus Sichtbeton weit mehr

machen kann als die geschmeidigen Wandoberflächen, die einen bereits in der Diele empfangen, erfährt man beim Betreten der Wohnküche. Geschliffen, poliert und gewachst kann der freistehende Herdblock aus Beton durchaus mit edlem Naturstein konkurrieren. Im Kontrast mit dem Kirschholz von Treppe und Parkett wird hier ein schlichtes und edles Ambiente gezaubert, das freilich auch entscheidend von den Details lebt. Je puristischer und schlichter das Raumkonzept, desto sensibler gegen Störungen: Die Stufen der offenen Treppe sind ohne Wangen direkt in den Wänden verankert – selbstverständlich unsichtbar. Die Beleuchtung bündig in der Decke versenkt, alle Schränke als Einbaumodelle realisiert. Nach Sockelleisten oder Gardinen sucht man vergebens. Einfach nur Raum – fast nur.

Einmal abgesehen vom Luxus edler Installationsausstattung: Dass ein vom Architekten gut entworfenes Wohnhaus nicht mehr kosten muss als ein Haus von der Stange, wird hier eindrucksvoll unter Beweis gestellt: das Prinzip ist denkbar einfach: Weglassen von Überflüssigem. Einfach schwierig.

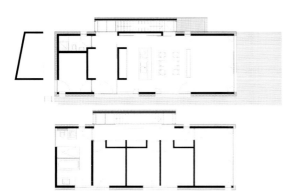

*Erdgeschoss
und
Obergeschoss*

**Wohnhaus Gräßle
Kirchzarten**

**Architekturbüro:
Klaus Peter Leib**

**Bauherr:
Familie Gräßle**

1965/2000

57

Neue Erschließungszone

1965 erbaut, 2000 umgebaut und auf den stilistischen Ursprung aus den 50er Jahren zurückgeführt: Erklärtes Ziel des Architekten war, beim Umbau den ursprünglichen Charakter des Bauwerks wieder zur Geltung zu bringen und dabei gleichzeitig in einen aktuellen Kontext zu übertragen.

Die Bauvolumen mit ihren flachen, asymmetrisch geneigten Dachflächen ohne Überstand erinnern an die 50er-Jahre, deren Duktus heute durch die starke Betonung der Natursteinmaterialien stärker herausgearbeitet wurde, als dies zur Erbauungszeit der Fall gewesen ist. Muschelkalkplättchen, damals als „Fertigprodukt" auf Platten angeboten, bekleiden, heute in handwerklicher Sisyphusarbeit einzeln versetzt, sämtliche Außenwände, die ursprünglich lediglich verputzt waren. Sie empfangen den Besucher an der festungsartig geschlossenen Fassade der Straßenseite. Ansonsten sind die Veränderungen des Umbaus schnell beschrieben: In die Erschließungszone wurde eine Bresche geschlagen, die das Haus in ganzer Länge als Flur- und Foyerzone durchtrennt – mit einem Kalksteinbelag als öffentliche Zone charakterisiert. Das kleinteilige Raumkonglomerat, das noch Kinderreichtum und Bescheidenheit der Wirtschaftswunderzeit dokumentierte, wurde bereinigt.

Südfassade

Die größte Veränderung betrifft die enorme Lichtfülle, die mit großzügigen Verglasungen ins Haus geschaufelt wurde. Besondere Aufmerksamkeit erfuhr dabei die zentrale Achse, die nun als offene, durch das ganze Haus führende Schneise erlebt wird: Das wird durch Vollverglasung der Stirnseiten, sowie zusätzlich durch mehrere Lichtschächte im Dach erreicht.

Bei der Übertragung des alten Hauses in die Jetztzeit gelang der Spagat, die Abgrenzung zum Außenraum aufzulösen und dennoch klar umrissene Gebäudevolumen zu definieren. Das Spiel zwischen offener und geschlossener Form wird gesteigert, indem die Volumen scharfkantig ausgeschnitten und dadurch blockhaft, fast monolithisch wirken.

Die winzigen Muschelkalkstreifen verdichten sich dabei zum Eindruck einer geschlossenen Felswand; gleichzeitig aber werden die Mauern nicht als Volumen, sondern als Flächen behandelt. Das wird an den Mauerkanten besonders deutlich, wo hauchdünne, weiße Stirnseiten von Mauern gezeigt werden, die modellhaft dünne Wandquerschnitte suggerieren.

Neue Eingangssituation

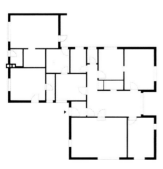

Grundrisse vor und nach dem Umbau

169

**Galerie und Ferienhaus
Sankt Märgen
Rathausplatz**

**Architekturbüro:
rolf + hotz**

**Bauherr:
Rainer Endriß**

2003

58

An prominenter Stelle, direkt neben der barocken Klosteranlage in Sankt Märgen und mit einbezogen in den Klosterprospekt vom Tal aus weithin sichtbar, war über alten Kellergewölben ein Neubau zu planen.

Entstanden ist ein gelungenes Beispiel dafür, dass mit einer eigenständigen Architektursprache, die ihre Entstehungszeit nicht verleugnet, bei dieser Problemstellung in der Regel die besten Ergebnisse erzielt werden können. Unwillkürlich denkt man an Karljoseph Schattner, der im barocken Eichstätt genau für diese Bauaufgabe eine Vielzahl bewundernswerter und bis heute zeitlos gültig scheinender Lösungen hinterließ.

Das Gebäude in Sankt Märgen besetzt eine sensible Schnittstelle am Rande des Klosterhofs und muss deshalb nicht nur die historischen Bedingungen der Klosteranlage berücksichtigen, sondern gleichzeitig eine Vermittlerfunktion zur Umgebung übernehmen. Im Volumen und in der Form nimmt der Neubau den Typus eines gewöhnlichen zweigeschossigen Satteldachhauses auf, allerdings in streng formulierten Proportionen: Über einem Quadrat steigt im 45° Winkel die Dachschräge auf, ohne durch Dachüberstände die mathematischen Grundformen zu verunklären.

Exakt auf die Kante der ins Gelände abfallenden Klostermauer gesetzt nimmt der Bau diese Flucht auf und führt die Mauer als dunkles Sockelgeschoss weiter. Er

bildet einen markanten Abschluss des Klostervorplatzes und gleichzeitig ein Pendant zum gegenüberliegenden historischen Wirtschaftsgebäude, so dass die barocke Symmetrie der Klosterfassade im Gleichgewicht bleibt.

Zum Tal hin zeigt sich der Bau mit einer disziplinierten Formensprache in „klösterlicher" Geschlossenheit und Strenge. Zur rückwärtigen Straße dagegen öffnet sich das Haus mit einer fassadengroßen Verglasung, die dem Baukörper wie eine Schauvitrine angekoppelt ist. Was die Bewohner von Sankt Märgen ihr „Dorfaquarium" nennen, dachte sich der Bauherr als Schaukasten für seine Kunstsammlung.

Im Inneren des Gebäudes finden sich Ausstellungsräume, die sehr spezifisch den jeweiligen Ausstellungsobjekten angepasst sind: Ein Kanon aus Stahl und Glas bestimmt den Raum für Skulpturen und Plastiken. Entmaterialisierendes Weiß über dunklem Parkett bietet beste Vorraussetzungen für das Hängen von Bildern – ein klassischer Galerieraum. Schließlich im Untergeschoss ein historischer Gewölbekeller, dem derbes Sichtmauerwerk einen materialästhetischen Charakter verleiht.

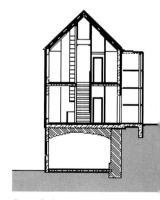

Querschnitt

Wer einmal in Museen Unmöglichkeiten, wie beispielsweise einen auf Teppichboden gelagerten Steinblock von Ulrich Rückriem zugemutet bekam, weiß um die enorme Bedeutung einer den Ausstellungsobjekten angepassten Raumatmosphäre.

**Radon-Revitalbad
Menzenschwand
Friedrichsruhe**

**Architekturbüro:
Detlef Sacker**

**Landschaftsarchitekten:
A. Henne, C. Korn**

**Bauherr:
Stadt St. Blasien**

2005

59

Architektur, die sich auf natürliche, selbstverständliche Art in die Landschaft fügt, verbindet man meist eher mit vormodernen Epochen. In Menzenschwand gelang diese Natürlichkeit in einer zeitgemäßen Formensprache und in einer Qualität, die sich vor der Geschichte nicht zu verstecken braucht.

Aus grob gehauenem Granit gefügte, mit ihrer kleinen Durchfensterung geschlossen und monolithisch auftretende Flügelbauten scheinen aus der Landschaft heraus zu wachsen, schieben sich trapezförmig zusammen und werfen in ihrer Mitte, wie einen leuchtenden Kristall eine gläserne Halle auf. Eine Dramaturgie der Gegensätze, die den jeweiligen Charakter der einzelnen Bauvolumina erst voll zur Geltung bringt. Geschlossenheit und Öffnung, Massivität und Schwerelosigkeit, Feingliedrigkeit und derbe Materialität. Erst im Kontrast entfaltet sich die ganze Bandbreite der materiellen und räumlichen Möglichkeiten.

Die Zeiten großer, prächtig ausgestatteter Badeanstal-

*Das Außenbecken erlaubt ein Schwimmen in herrlicher Bergluft mit sehenswertem Landschaftspanorama.
Wunderbar ist das Naturerlebnis auch im Winter, wenn der Sauna-heiße Körper im Tiefschnee toben kann.*

ten sind in Zeiten notorisch klammer Kassen im Gesundheitssystem vorbei. Einfach zeigt sich das Radonbad deshalb sowohl in seinen Außmaßen, als auch in seiner Ausgestaltung. Den Architekten gelingt das Kunststück, diese Einschränkungen zum Vorteil zu nutzen. Die öffnende Weite der Trapezform, in der sämt-

liche Räume angelegt sind, lassen nirgends Enge spüren, die spartanische Beschränkung auf wenige Materialien wirkt nicht knausrig, sondern schlicht und edel. Klar geschieden sind die Funktionen Radontherapie, Bewegungsbecken und Saunabereich in den drei Baugliedern gefasst, wobei das Bewegungsbad durch ein Außenbecken erweitert wird und der Saunabereich durch eine Mauerzunge einen nicht einsehbaren Außenbereich erhält. Nicht großspuriges Kurbadgepränge, sondern eine fast intime Bescheidenheit prägen den Menzenschwander Neubau.

Das radonhaltige Wasser entfaltet seine positiven Wirkungen vor allem bei chronischen rheumatischen Gelenkerkrankungen. Die Menzenschwander Radonquelle ist eine der wenigen Orte innerhalb Europas, wo diese Heilanwendung angeboten werden kann.

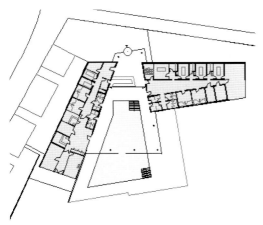

**Neuapostolische Kirche
Denzlingen, Akazienring**

**Architekturbüro:
Bauabteilung der Neu-
apostolischen Kirche
Süddeutschland,
Michaela Kretschmer**

**Bauherr:
Neuapostolische Kirche
Süddeutschland**

2006

60

Am Ortseingang von Denzlingen empfängt eine kleine, direkt an der Straßenkreuzung gelegene Kirche die Menschen mit offenen Armen. Wie ein weites Tor öffnet sich die Bauform: Ein steil nach oben strebendes Dach und sich weitende Wände formulieren eine einladende Geste an alle.

Ein ungewöhnliches Grundstück für eine Kirche, gelegen an einer Straßenkreuzung, die keine brauchbaren Fluchten bietet, um einen Neubau daran zu orientieren. Die Architektin schuf der Kirche deshalb einen eigenen Bezugsrahmen. Das Bauensemble ist auf ein Quadrat gestellt, das als Kiesfläche ins Gelände gezeichnet wurde. Diese Kiesinsel stellt einen klaren Begrenzungsmaßstab dar, auf dem die Kirche und ein separat angelehnter Gemeinderaum mit Sakristei in freiem Spiel verschiedener Bau- und Raumvolumina in transparenten Raumentwicklungen entstehen. Es gibt keine klaren, eindeutigen Zuordnungen, sondern jede Fläche, jeder Raum gehört gleichzeitig auch anderen Flächen und Räumen an: Ein regelrechtes Lehrstück für den Begriff der Transparenz in der Architektur.

Eine kleine Brücke spannt sich über den Kies zum leicht erhöhten Bauwerk, das mit niedrigem, zurückspringendem, dunklen Sockel über den Steinen schwebt. Wie ein Portal durchschreitet man einen in der Höhe weit gespannten Betonbalken, der trotz einiger Massivität Gemeindehaus und Kirche elegant zusammenbindet und gleichzeitig die Vorderkante des

Kiesquadrats wiederholt Die Raumsituation auch hier durch Gleichzeitigkeit geprägt: Innenraum, Außenraum – Zugang und Vorhalle.

Drinnen dann zunächst niedrige, eher lichtarme Enge. Ein Eindruck der beim Betreten des eigentlichen Sakralraumes einer für diese kleinen Dimensionen erstaunlichen Weite weicht. Wände und Decke dehnen sich in Richtung Altar. Der Blick könnte in die Leere laufen, würde er nicht von einer massiven, quadratischen Betonwand aufgefangen, die dem Altar Rückgrat ist, Ruhe und Stabilität verleiht. Umrahmt von bemaltem Glas scheint diese Wand wie ein schwerer Monolith im Licht zu stehen und ist in der Lage, all die von draußen mitgebrachte Unruhe zu absorbieren.

Alles sehr schlicht, einfach und klein. Aber alles in sich stimmig, aus einem Guss. Bis zu den Details hin ist spürbar, dass der Bau aus einer einzigen großen Gestaltungsidee heraus entwickelt wurde. Dabei war es sicherlich keine leichte Aufgabe, sich mit einem Kirchenbau derart kleiner Dimension in fast hautnaher Berührung mit großmaßstäblichem Investorenwohnbau zu behaupten. Der Architektin gelang dies mit einfachsten Mitteln. Sie setzte eine dynamische Form in patiniertem Kupferblech. Und ganz im Gegensatz zur Umgebung stimmt hier einfach alles. Das schafft Aufmerksamkeit und Mitte.

Im Altarbereich des Sakralraums wird der Rahmen des Grundrissquadrats symbolträchtig gesprengt: Das Quadrat kann dabei als Urform für die Ratio gelesen werden. Gleichzeitig verstellt ein Quadrat, nämlich die Betonwand hinter dem Altar, den Zugang zu dem außerhalb der Ratio liegenden Raum, der symbolisch als der irrationale, dem menschlichen Denken nicht zugängliche, göttliche Raum gelesen werden kann.

Nur das immaterielle Licht bringt Botschaft aus diesem nicht sichtbaren Bereich.

**Kultur- und Bürgerhaus
Denzlingen
Stuttgarter Straße**

**Architekturbüro:
Dasch, Zürn v. Scholley
mit: F. Kanus u.
B. Tränkle**

**Freianlagen:
J. Cornelis und faktor-
grün. Denzlingen**

**Bauherr:
Gemeinde Denzlingen
2002**

61

Nach intensiver Standortsuche wurde entschieden, das neue Kultur- und Bürgerhaus an die Schnittstelle zwischen Neubaugebiet und altem Denzlinger Ortskern zu platzieren. Der Entwurf greift diese besondere Lage auf und entwickelt den durch mehrere dynamisch gewölbte Dachformen überfangenen Baukörper in der symbolischen Form einer Brücke. Eine Brücke, die alt und neu verbindet, eine Brücke die ein kulturelles und gesellschaftliches Bindeglied werden soll. Freilich ist beim Entwurf auch das „Dampfermotiv" lebendig, das in der Architekturgeschichte seit den 20er-Jahren immer wieder präsent ist.

Ob Brücke oder Dampfer, das Gebäude wird von ausgedehnten Wasserflächen umspült und scheint mit seinen ausgreifenden Holzdecks über der Wasserfläche zu schweben. Eine Repräsentationsgeste, die gleichzeitig vielseitige und hochwertige Aufenthaltsqualitäten verspricht. Die Volumen erhalten Spannung durch ihre Form, durch den Kontrast der Materialität, aber auch durch ein gekonntes Gegenüberstellen offener und ge-

Ansicht Nord

schlossener Flächen. Da ist der introvertiert gehaltene große Saal mit edlem Ambiente in rötlich schimmerndem Holz, der damit den Charakter eines Streichinstruments erhält. Ein weitläufiges Foyer als Verbindungsglied zum kleinen Saal, zum Restaurant, zu den Verwaltungsräumen. Und natürlich als Transparenzzone zwischen draußen und drinnen – neben der großflächigen Verglasung sinnfällig zum Ausdruck gebracht durch das Hereinziehen der außen verwendeten Baumaterialen. Vielfältige Beziehungen werden von dieser nach vier Richtungen agierenden Fläche aufgebaut, die gleichzeitig eine Öffnung des Baukörpers von Süd nach Nord, also vom Neubaugebiet in Richtung Ortskern Denzlingen ermöglichen.

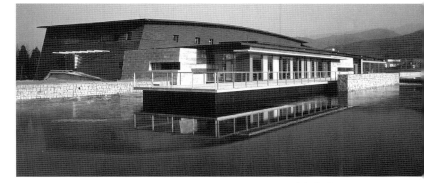

Ansicht Süd

Eingebettet in einen weitläufigen Stadtpark ist der Neubau ein signifikant gestalteter Solitär, der sich durch seine dynamische Dachform schon von weitem als etwas Besonderes zu erkennen gibt und der durch seine freigestellte Lage die Möglichkeit zum Heraustreten aus dem hektischen Getriebe des Alltags bietet.

Ein ausgefeiltes Energie- und Gebäudemanagement erreichte den Standard eines Passivhauses, was für eine derartige Bauaufgabe nahezu singulär sein dürfte. Um nur das Wichtigste zu nennen: Die Erdmassen unter dem Gebäude werden als Klimapuffer aktiviert und dienen zur Temperierung von Luft und Wasser. Eine kostengünstige Dachdeckung durch eine Folie mit integrierten, flexiblen Photovoltaikmodulen ergänzt ein Energiekonzept, das für diese Bauaufgabe Maßstäbe setzt. Hier also doch wieder das Schiffsmotiv: Eine Arche in energetisch stürmischer Zeit.

Foyer

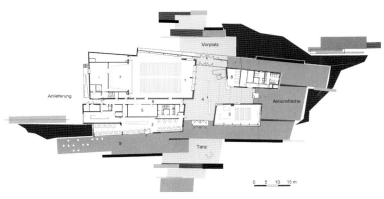

**St. Maximilian Kolbe
Katholische Kirche
Vörstetten**

**Architekturbüro:
Böwer, Eith, Murken,
Spiecker mit H. Barth
und R. Buff**

**Bauherr:
Kath. Kirchengemeinde
Reute**

1998

62

Die architektonische Konzeption der neuen Kirche in Vörstetten folgt nicht den in der liturgischen Praxis üblichen, historischen Vorbildern. Zwar wird durch das geschwungene Dach, das Richtung Altar etwas höher aufschwingt, eine Raumsteigerung erreicht. Auf schlanken Stützen ruhend scheint das Dach von den Außenwänden abgehoben, über dem Raum zu schweben. Die Lichtregie jedoch entspricht nicht der tradierten Form des Kirchenbaus. Durch eine ganzflächige Verglasung der Eingangsfront wird der Raum zu dieser Seite geöffnet, was einen ungewohnten Raumeindruck hervorruft – ist man doch eher gewohnt, dass Licht- und Raumsteigerung sich gleichermaßen zum Altar hin entwickeln.

Der Baukomplex umfasst Kirche und Gemeindezentrum. Zwischen zwei parallelen Mauerzungen angelegt, entwickelt sich eine enge Korrespondenz zwischen dem sakralen und dem profanen Bereich, deren Spannungsfeld sich in einem Freibereich zwischen den Gebäudeteilen verdichtet. Seine Funktion erinnert an

das den frühchristlichen Basiliken vorgelagerte Atrium. Hier markiert der freistehende Glockenturm weithin sichtbar die Eingangssituation, deren Öffnung durch ein Verspringen der Mauerzungen an Vielschichtigkeit gewinnt.

Kirche, Zwischenhof und Gemeindehaus werden als zusammenhängender Innenraum thematisiert. Das wird einerseits durch die vollflächigen Verglasungen erreicht, andererseits aber auch durch subtile Details, wie beispielsweise die Gestaltung des Beichtstuhles, der als eingestellter Schrank empfunden werden soll. Dieses „Möbelstück" durchstößt die Glasfassade des Kirchenraumes und hebt die Gebäudegrenze sinnfällig auf.

Der Entwurf klebt also keineswegs an Vorbildern, sondern schafft neben der neuen äußeren Form auch neue Interpretationen von Inhalten, wie zum Beispiel eine durch die Bauform transportierte Aufwertung der Laiengemeinde.

Eine filigrane Dachkonstruktion aus Metall hätte den Entwurfsgedanken sicherlich noch besser zum Ausdruck gebracht als die massive Holzkonstruktion aus Brettschichtbindern, was jedoch nicht den Budgetgrenzen des Auftraggebers entsprochen hätte.

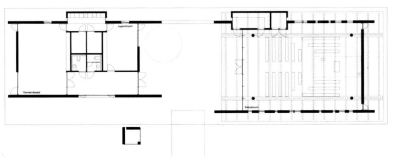

**Haus Riedengarten
Ihringen
Riedengartenstraße**

**Architekturbüro:
Hubert Horbach**

**Bauherrin:
Angelika Rüskamp**

2002

63

Eine nicht ganz einfach zu lösende Aufgabe war dem Architekten eines Wohnhauses in Ihringen gestellt: Ein relativ klein bemessenes Grundstück inmitten enger Bebauungsstrukturen im Ortskern Ihringens. Die Giebelseiten in Ost und West entfielen als Belichtungsflächen gänzlich, so dass einiges an Kreativität gefordert war, um einerseits eine Belichtungssituation zu erreichen, wie sie heutigen Vorstellungen entspricht, andererseits trotzdem Distanz und Privatleben zu ermöglichen.

An den Grenzen des Baugrundstücks stehen noch die alten, mächtigen Bruchsteinmauern des Vorgängerbaus, einer alten Scheune, in die der Neubau eingestellt wurde. Eine weitestmögliche Erhaltung des Bruchsteinmauerwerks gibt dem Bauensemble eine reizvolle und unverwechselbare Note.

Aus diesen historischen Mauermassen entwickeln sich in logischer Konsequenz die geschlossen auftretenden Ost- und Westpartien des klar in drei Abschnitte gegliederten Bauwerks. Dazwischen gestellt und im Modell anmutend wie ein gefasster Kristall, öffnet sich eine großzügige Lichtzone, die allerdings, um den Aufwand zu beschränken, bei der Bauausführung etwas reduziert wurde.

Ein offenes Treppenhaus verbindet die drei Geschosse in vertikaler Richtung. Dem entspricht eine horizontale Tranzparenz des Haupgeschosses, so dass flexible Aktionsebenen für Intimität und auch Kommunikation entstehen.

Südansicht

Modell

Von der traditionellen Hofmauer umschlossen breitet sich im Norden eine differenzierte Freifläche aus, die in den heißen Sommermonaten des Kaiserstuhls angenehme Aufenthaltsqualitäten verspricht. Modern, mit einem kleinen Schuss Extravaganz, fügt sich der Neubau mit großer Selbstverständlichkeit in die Umgebung ein.

Eine ebenso spannende wie überraschend schlichte Neuinterpretation des „Schuhschachtelhauses" der 60er-Jahre, wie sie bereits in zwei anderen Projekten der Erstauflage dieses Architekturbandes vorgestellt wurden.

Bei diesem Bau wird deutlich, dass es sich auch bei scheinbar einfachen, ja geradezu banal wirkenden Hausformen lohnt, den Architekten zu konsultieren, der hochwertige und individuelle Lösungen zu finden im Stande ist, ohne dabei den gesteckten Kostenrahmen aus den Augen zu verlieren.

Nordansicht

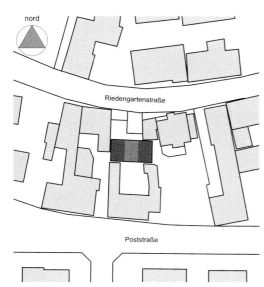

181

Kiesgrubenhaus
Kulturzentrum
Jakobsschanze
Breisach

Architekturbüro:
Thomas Spiegelhalter

Bauherr:
Michael Uhl

1992–93

64

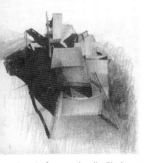

Am Anfang steht die Skulptur –
das Wohnen scheint lediglich
Aneignung, intensivierte Aus-
einandersetzung mit dieser zu
sein.

Abenteuerspielplatz? Solarhaus Villa Kunterbunt? De-
signerskulptur? Dekonstruktivistisches Manifest?
Mancher Besucher wird der Irritation nicht entgehen,
sollte er versucht sein, eine passende Schablone für
dieses Bauwerk zu zücken. Also was denn nun? Sicherlich von allem etwas, aber darüber hinaus noch
mehr.

Dass sich der Bau teilweise wiederverwendeten Bau-
materials bedient, wird schnell offenbar. Die Provenienz desselben scheint auf das Umfeld des Breisacher
Rheinhafens zu verweisen, dessen Atmosphäre man ja
bereits auf dem Weg zum Objekt atmet: Fässer, Eisenträger, Kranausleger, Bootsstege, Förderschnecken,
Wellblech. Eine bemerkenswerte Metamorphose ver-
fremdeter, industrieller Bauteile, die sich hier zu einer
bizarren Architektur auftürmen. Tatsächlich stammt
das Material aus der Kiesgrube, dem Baggersee der
Nachbargemeinde Niederrimsingen, dessen Besitzer
auch Auftraggeber des Bauwerks war, dort aber keine
Baugenehmigung erhalten konnte.

Der Charakter eines spezifischen Ortes wird inszeniert,
eines Ortes oder Raumes, der nicht neutral ist, weniger
abstrakt, als von der euklidischen Geometrie beschrieben. Ein Raum voller Spannungen und Energie, voller
Bewegung, Dynamik, Veränderung, in dem sich ein
freies Spiel der Kräfte in energetischen Spannungsfel-
dern entfaltet.

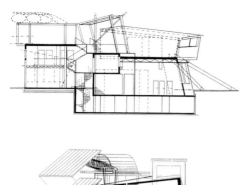

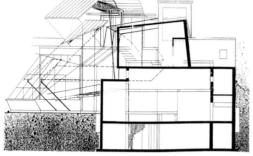

Im östlichen Erdgeschoss ein Multimediaraum, der heute für Veranstaltungen des Kulturzentrums genutzt wird.

Die architektonische Skulptur will sich aus dem Terrain der Kiesgrube heraus entwickeln, frei von zielgerichteter Planung, dem Aufoktroyieren abstrakter, dislokaler Entwurfsgedanken sein: im künstlerischen Entwurf und permanentem Überformungsprozess die Wirklichkeit eines Ortes verdichten.

Abgerissene, verbogene und verrostete Eisenträger; brutal anmutende Betonbrocken, aus denen noch Armierungseisen wie Pulsadern ins Leere greifen – Inszenierung der Urkräfte des Chaos, dem Stoff, der die Welt formt: Keine Dekonstruktion, sondern Konstruktion aus dem Chaos. Das Grundstück ist mit einer Mischung aus recyceltem Bauschutt und Erde modelliert, die dem Samenanflug überlassen wurde.

Heute sind die ausdruckstärksten Bestandteile dieser Solarskulptur leider entfernt, die herben Betonoberflächen mit bunten Farben weggestrichen – sie haben einer behaglicheren Auffassung vom Wohnen Platz gemacht.

**Emil-Dörle-Schule
Herbolzheim**

**Architekturbüro:
Karl Langensteiner
mit GJL Architekten
Bauherr:
Stadt Herbolzheim**

2003

65

Loggia mit Verschattungsrolos.

Gelungene Gestaltung zeigt bisweilen einen merkwürdigen Effekt: Sie wirkt so einfach und evident, dass sich die besondere Qualität zunächst hinter lauter scheinbaren Selbstverständlichkeiten verborgen hält.

Der Erweiterungsbau der Werkrealschule schließt den einst zur Straße hin offenen Schulhof durch einen flachen Gebäuderiegel, der in strenger linearer Reihung die Werk- und Technikräume, also die lärm- und geruchsintensiven Räume der Schule aufnimmt, um im Altbau Platz für ein erweitertes Klassenzimmerangebot zu schaffen.

Eines der Module aus dem linearen Raster wurde offengelassen, um einen Durchgang zu schaffen. Axial auf den Haupteingang des alten Schulgebäudes ausgerichtet, wird der gesamte Neubau damit quasi zum monumentalen Torbau für die mehrstöckigen Kuben des Altbaus – einem für die 70er Jahre typischen Stahlskelettbau mit Waschbetonausfachung.

Der Neubauriegel ist einhüftig angelegt. Breite, helle Flure und weit auskragende Vordächer lassen den Querschnitt als Doppel-T Profil erscheinen. Um thermische Entkopplung vom Hauptdach aus Ortbeton zu erreichen, sind die Fertigelemente der Vordächer balkonartig angehängt. Es wird dadurch ein zusätzlicher überdachter Pausenhof von 300 qm geschaffen, der durch einen bunten Rhythmus textiler Verschattungsrollos begrenzt wird. Durch das Vorziehen der Verschattung aus der Fensterebene an den Außenrand der

Loggien wird der Effekt der optischen Einschnürung bei Verschattung vermieden.

Die farbigen Textilflächen begleiten die strenge Raumfolge der Werkräume kontrapunktisch und spielen dabei mit lockeren Rhythmusverschiebungen.

Beim späteren, bereits mitgeplanten zweiten Bauabschnitt, soll der jetzige Toreinschnitt transparent geschlossen und zur Treppenhausaula umfunktioniert werden. Alle statischen und versorgungstechnischen Details sind bereits in der jetzigen Planungsstufe berücksichtigt.

Durch den Neubau wurde nicht nur eine quantitative und qualitative Verbesserung des Schulgebäudes erreicht, sondern auch eine überraschend erfreuliche Aufwertung der Frei- und Grünflächen.

So selbstverständlich und schlicht der neue Gebäuderiegel auftritt: Städtebaulich wurde eine überzeugende und spannende Lösung gefunden.

Der 90 Meter lange Flur wird durch einen wohlproportionierten Wechsel aus Einbauschränken und Sitzflächen rhythmisiert. Eine Beschränkung auf wenige Materialien geben den Räumen eine angenehm schlichte Sachlichkeit.

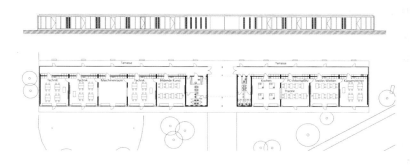

**Schreinerei und Galerie
H. Schmidt
Niedermattenstraße
Ehrenkirchen**

**Architekturbüro:
Günter Pfeifer**

**Bauherr:
Schreinermeister
Hannes Schmidt**

1999

66

„Kunst und Technik – eine neue Einheit" war der Leitsatz der Bauhausideologie im Dessau der 20er Jahre. Dieser Maxime folgt auch Schreinermeister Hannes Schmidt in Ehrenkirchen. Um eine enge Verbindung zur Kunst zu unterstreichen, wird seine Werkstatt regelmäßig für Kunstausstellungen genutzt.

Um dem Inhalt eine adäquate äußere Form zu verschaffen, wurde die Architektur der Werkstatt in einer Qualität gestaltet, die man in Ehrenkirchen nicht unbedingt erwartet: Wohltuende Klarheit und funktionale Konsequenz bis ins Detail zeichnen den Entwurf des Architekten aus.

Der Grundriss teilt sich in drei Zonen: Den quadratischen Produktionskomplex, eine quer gelagerte Erschließungszone mit großen Toren für den Materialtransport und einen Bürostreifen, dessen Obergeschossräume zusammen mit der Erschließungszone multifunktional bestimmt sind, so dass sie auch den Ansprüchen von Ausstellungsräumen genügen. Die

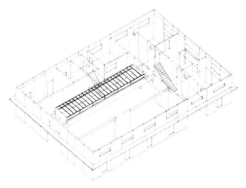

Flächen des Flurs sind dabei als Durchdringungs-, quasi Befruchtungszone zwischen Handwerk und Kunst konzipiert. Die horizontale Zweigliederung des Gebäudeblocks verweist auf die Doppelfunktion als Schreinerei und Ausstellungshalle: Die Zedernholzschalung der Erdgeschosszone steht für den holzverarbeitenden Betrieb. Daraus hervor schiebt sich, von der klaren Zäsur eines Betongesimses gegliedert ein „immaterieller" Glaskubus, der den Bereich der Kunst vertritt. Beides zusammen bildet eine homogene und überzeugende Einheit.

Raffiniert ist die wärmetechnische Ausstattung: Zwischen Festverglasung und ungedämmter Betonwand der umlaufenden oberen Gebäudezone entsteht bei Sonneneinstrahlung ein Wärmestau, der mittels eines Luftzirkulationssystem den Räumen zugeführt werden kann. Gegenüber einer wärmegedämmten Wand kann eine Energieeinsparung von 25% erzielt werden.

Von subtiler Spannung ist die Eingangszone der Nordfassade, die für eine besondere Bedeutungsebene des Begriffs Transparenz steht: In mehreren Ebenen schieben sich Formelemente übereinander, die sich insgesamt zu einem fast die gesamte Gebäudehöhe einnehmenden repräsentativen Eingangsportal verdichten, ohne dabei eine schlichte Selbstverständlichkeit einzubüßen.

Schutzbau für römische
Thermenanlage
Badenweiler

Architekturbüro:
Staatl. Vermögens- und
Hochbauamt Freiburg:
W. Strop, P. Kirch, K. Roser

Bauherr:
Land BW vertreten durch
Staatl. Vermögens- und
Hochbauamt Freiburg

2001

67

Nein, das ist nicht das Gewächshaus des botanischen Gartens, obgleich die zahlreichen – scheinbar unvermeidlichen – palmenbestückten Kübel vor dem Hintergrund schemenhaft auftauchenden Bruchsteins dies auf den ersten Blick nahe legen könnten. Vielmehr überspannt die kühne Konstruktion aus Stahl und Glas eine römische Ausgrabungsstätte in Badenweiler und schützt das antike Mauerwerk vor Erosion.

Die freitragende Schalenkonstruktion stemmt sich an den Seiten auf sichtbare Fundamentblöcke, deren Gründungspfähle bis zu 20 m tief ins Erdreich getrieben sind.

Die Glastonne orientiert sich am Grundriss der antiken Ruine. Die 1725 Glasscheiben werden zwischen runden Edelstahlscheiben gehalten, die Zirkulationsfugen für Luftaustausch lassen.

Die Aussteifung erfolgt über Druckstäbe und diagonal gespannte Stahlseile.

Bereits 1784 entdeckt, wurde die hadrianische Therme zwischenzeitlich von verschiedenen, meist als Holzkonstruktionen errichteten Schutzbauten gedeckt. Schon Karl Büchler forderte 1909, man sollte „eine

Die Frontseite der Konstruktion wird mit kräftigen Stahlseilen verspannt, an deren Knotenpunkten die Glasscheiben so eingeklemmt sind, dass Fugen bleiben, die für die Lüftung des Glasbaus notwendig sind. Gleichzeitig kann dadurch Verformungsenergie bei hohem Winddruck aufgenommen werden. Eine Verschattungsanlage reguliert die Erwärmung – schnelle Temperaturschwankungen sind bekanntlich kein sehr gutes Konservierungsklima.

weite flache Halle aus Eisen und Glas, ähnlich einer Bahnhofshalle, darüber stellen." Die heutige Konstruktion kommt der alten Forderung damit ziemlich nahe. Vorteil der Stahl-Glaskonstruktion ist die klare optische Trennung von Neu und Alt, die bei den für diese Aufgabe häufig verwendeten ziegelgedeckten Holzkonstruktionen verwischt wird. Es ergibt sich ein eindrucksvoller Kontrast der filigranen Konstruktion zu den Ziegelsteinmassen der antiken Mauern. Den römischen Baumeistern kann diese Konstruktion sicherlich eine adäquate Hommage an ihren großen Ingenieurgeist sein.

Dass die Thermenruine heute von einer weitläufigen Parkanlage umgeben ist, passt hervorragend zu den romantischen Szenarien englischer Landschaftsgärten, in denen die antike Ruine immer eine wichtige Rolle spielte.

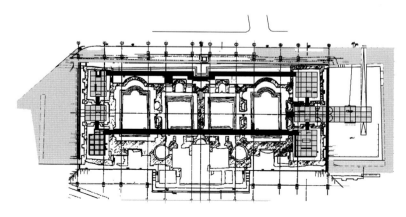

Peter-Cornell Richter
Photographie
2006. 72 Seiten, 5 Farb- und
28 Duotone-Abb. Text in Deutsch und
Englisch, 27 x 24 cm, Hardcover,
Fadenheftung.
26,00 EUR / 41,00 SFR
ISBN 3-937014-35-7

Jochen Kitzbihler
Monolithische Systeme
2006. Herausgeber: Mannheimer
Kunstverein. Mit Texten von Matthias
Bleyl, Martin Stather und Sibylle
Omlin. Texte in Deutsch und Englisch.
132 S., zahlr. Farbabb., 33 x 24 cm,
Hardcover, Fadenheftung
35,00 EUR / 49,00 SFR
ISBN 3-937014-38-1

Richard Schindler
LANDSCHAFT VERSTEHEN.
Industriearchitektur und Landschafts-
ästhetik im Schwarzwald 2005. Her-
ausgeber Institut für Visual Profiling
& Visual Recources Development,
Freiburg, Richard Schindler.
284 Seiten, 107 Farb- u. 110 s/w Abb.,
2 Ausschlagtafeln, 27 x 21 cm,
Hardcover, Fadenheftung,
Schutzumschlag.
36,00 EUR / 56,20 SFR
ISBN 3-937014-30-6

Baugruppenarchitektur in Freiburg
Vom Experiment zur Regel
2005. Mit Texten von K. Selle,
M. Schuster, R. Schelkes, 96 Seiten,
122 Farb- und 27 s/w Abbildungen,
21,2 x 19,5 cm, Steifbroschur,
Fadenheftung.
24,00 EUR / 37,50 SFR
ISBN 3-937014-16-0

Florence Hervé · Katharina Mayer
Frauen und Berge
2006. Texte von F. Hervé, Fotografie
von K. Mayer. 176 Seiten, zahlr.
Farbabb., 29 x 23,5 cm, Hardcover,
Fadenheftung, ca. 39,80 EUR
ISBN 3-937014-47-0
ISBN 978-3-937014-47-0

kunst
architektur
design
fotografie
editionen

modo

modo Verlag GmbH
Dieter Weber
Terlanerstr. 8 · 79111 Freiburg
Telefon 0761-44999
Telefax 0761-44969
www.modoverlag.de
info@modoverlag.de

**Wir
bauen
auf
kreative
Lösungen**

Architekturbüros

Amann Burdenski Architekten
Poststraße 2
79098 Freiburg
0761-2965560
www.amannburdenski.de
info@amannburdenski.de

architekten betz + steller
Goethestr. 13
79100 Freiburg
0761-7901180
mail@architekt-betz.de
www.architekt-betz.de

Architekturbüro an der Milchstraße
Schäfer-Theissen-Kaelble-Albanbauer
Milchstraße 3
79098 Freiburg
0761-33252
info@stk-architekten.de
www.stka-architekten.de

Architekturbüro Rolf Disch
Wiesentalstraße 19
79115 Freiburg
0761-459440
info@rolfdisch.de
www.rolfdisch.de

ArGe Architekten
Fabrik Sonntag Haus 9
79183 Waldkirch
07681-47913-0
info@arge-architekten.de

arp architekturbüro rainer probst
Klarastr. 11
79106 Freiburg
0761-78268
rainer-probst@t-online.de
www.arp-freiburg.de

Bauabteilung Neuapostolische Kirche
Süddeutschland
Heinestraße 29
70597 Stutttgart
0711-7686220

Böwer Eith Murken Architekten
Lessingstr. 3
79100 Freiburg
0761-756770
info@boewereithmurken.de
www.boewereithmurken.de

Broghammer•Jana•Wohlleber
Heerstr. 37 · 78658 Zimmern o.R.
0741-92930
mail@bjw.de
www.bjw.de

Broß - Pulling – Kurzenberger
Marie-Curie-Straße 1
79100 Freiburg
0761-4014488
bross@villaban.de

Common Architekten
Kronenstraße 33
79100 Freiburg
0761-7043544 oder 089-28787482
oc@commonarchitekten.de
www.commonarchitekten.de

Dasch Zürn v. Scholley
Industriestr. 25
70565 Stuttgart-Vaihingen
0711-45 99990
buero@architekten-dzvs.de
www.architekten-dzvs.de

Dietrich Bangert Architekten
Tristanstraße 8-10 · 14109 Berlin
030-8047170

DISSING + WEITLING
architekfirma a/s
Dronningensgade 68
1420 Kopenhagen Dänemark
0045-32835000
dw@dw.dk
www.dw.dk

Dominik Dreiner Architekt
Wiesenweg 21
76571Gaggennau
07225-98260
mail@dominikdreiner.de
www.dominikdreiner.de

ERNST SPYCHER Architekt HBK / SIA
Sankt-Johanns-Vorstadt 15
CH 4056 Basel
0041-61-2613055
info@e-sp.ch
www.e-sp.ch

Erzbischöfliches Bauamt Freiburg
Hildastraße 65 · 79102 Freiburg
0761-790940
kontakt@erzb-bauamt-freiburg.de

Gies Architekten BDA
Erwinstraße 10
79102 Freiburg
0761-70439830
info@giesarchitekten.de
www.giesarchitekten.de

GJL Architekten Grube Jakel Löffler
Karlsstraße 132
76137 Karlsruhe
0721-981790
info@gjl.de
www.gjl.de

Harald Roser
Emmendingerstr. 8
79106 Freiburg
0171-8067194
harald.roser@hft-stuttgart.de

Harter + Kanzler
Gretherstr. 8 · 79098 Freiburg
0761-150669-0
freiburg@harter-kanzler.de
www.harter-kanzler.de

Hascher Jehle Architektur
Otto-Suhr-Allee 59
10585 Berlin
030-34797650
info@hascherjehle.de
www.hascherjehle.de

Hölken - Berghoff Planerwerkstatt
Reutener Str. 19
79279 Vörstetten
07666-93880
info@planerwerkstatt.de
www.planerwerkstatt.de

Horbach Generalplaner GmbH
Basler Landstr. 28a
79111 Freiburg
0761-453930
h.horbach.architekt@t-online.de

kister scheithauer gross
architekten und stadtplaner
Schaafenstr. 25
50676 Köln
0221-921643 0
info@ksg-architekten.de
www.ksg-architekten.de

Kohlhoff Architekten
Böheimstraße 43 · 70199 Stuttgart
0711-6409017
sven@kohlhoffarchitekten.de

KÜHN MALVEZZI GmbH Architekten
Heidestraße 50
10557 Berlin
030-39 80 68 00
info@kuehnmalvezzi.com

Lehmann Architekten GmbH
Franz-Ludwig-Mercy-str. 5
77654 Offenburg
0781-932480
info@lehmann-architekten.de
www.lehmann-architekten.de

leib / schweizer
Wilhelmstraße 4a · 70182 Stuttgart
0711-3803531 -31
info@leib-schweizer.de
www.leib-schweizer.de

Melder und Binkert
Basler Straße 11
79100 Freiburg
0761-4568890
info@melder-binkert.de
www.melder-binkert.de

Muffler Architekten
Bahnhofstraße 2
78532 Tuttlingen
07461-966410
info@muffler-architekten.de
www.muffler-architekten.de

pfeifer.kuhn. architekten
Gartenstraße 19
79098 Freiburg
0761-2967690
architekten@pfeifer-kuhn.de
www.pfeifer-kuhn.de

rolf + hotz
Helligestraße 2
79100 Freiburg
0761-705140
architekten@rolf-hotz.de
www.rolf-hotz.de

Volker Rosenstiel
freier Architekt und Stadtplaner
Bötzingerstraße 29a
79111 Freiburg
0761-455530
architekt.rosenstiel@t-online.de
www.architekt-rosenstiel.de

Sacker Architekten
Oltmannstraße 3
79100 Freiburg
0761-7077090
info@sacker.de
www.sacker.de

Spiecker und Sautter Architekten
Gretherstraße 8
79098 Freiburg
0761-767690
info@spiecker-sautter.de
www.spiecker-sautter.de

Stadt Freiburg Hochbauamt
Fehrenbachallee 12
79106 Freiburg
Tel: 0761-2014501
Fax: 0761-201 4599
hochbauamt@stadt.freiburg.de

Stadtplanungsamt Freiburg
Fehrenbachallee 12
79106 Freiburg
Tel: 0761-201-4100
Fax: 0761-2014199
stadtplanungsamt@stadt.freiburg.de

Studio Prof. Thomas Spiegelhalter
USC-WAH 204, 850 W 37 St.
Los Angeles, CA 90089, USA
001-213-740-4585
(Freiburg: 01604300054)
spiegelh@usc.edu
www-rcf.usc.edu/~spiegelh
www.usc.edu/dept/architecture/SbPr/in-
dex.html

Thoma.Lay.Buchler.Architektenpartner-
schaft
Friedrichstraße 6
79674 Todtnau
07671-9999-0
mail@thoma-lay-buchler.de
www.thoma-lay-buchler.de

Vermögen und Bau Baden Württemberg
Universitätsbauamt Freiburg
Hugstetter Straße 53
79106 Freiburg
0761-1201-0
poststelle@ubafr.fv.bwl.de
www.vermögenundbau-bw.de

Vermögen und Bau Baden-Württemberg
Amt Freiburg
Mozartstr. 58
79104 Freiburg
0761-5928-0
poststelle@vbafr.fv.bwl.de
www.vba-freiburg.de

Bildnachweis

Altenkirch, Dirk 19, 20, 92, 93 ru Aman & Burdenksi 111 o Amruth, Ramesh 158
Archiv Landesamt für Denkmalpflege Hannover 23 u ArGE Architekten 91 ro arge lo-
la. kai loges und andreas langen 168 l, 169 o Bauhaus-Archiv Berlin 123 Bauhaus-
Archiv Berlin, Arthur Köster 23 m Berghoff, Arnold 16 Betz, Mathias 96, 97 Broß,
Stefan 131 Brunner, Arnold 48, 49 r, 102 u, 103 o, 159, 170, 171 Buhl, Rüdi-
ger 78, 79 o, 79 u Eichmann, Michael 154 Fernández, José 40, 41 Giovanelli,
Francesca 187 u Halbe, Roland 179 Hombach, Volker 156, 157 o Horbach, Hubert
94 lu, 95 ru Kaelble, Theissen 79 rm Kirsch Guido, Dix Thomas 14, 15 Kirsch, Guido 46, 47, 124, 125, 135 lm Krupp, Bruno 39 ru, 176, 177 Langensteiner, Karl
184, 185 Löffelhardt, Markus 18, 22, 24, 25, 26, 27, 30, 31, 32, 33 rm, 33
ru, 34, 35, 36, 37, 38, 39, 44, 45 ru, 49 o, 50, 51 r, 52, 53, 57 r, 58, 59,
60, 61, 62, 63, 64, 65, 66, 67, 68, 69, 70, 71, 72, 73, 80, 81, 82, 83, 88,
89, 90, 91 u, 93 o, 84, 85, 100, 101, 104, 105, 106, 107, 108, 109, 111
u, 114, 115, 119 u, 120, 121, 126 o, 127, 129 u, 129 mr, 130, 132, 133,
135 r, 138, 139 o, 140, 142 m, 150, 151, 152, 153, 157 u, 160, 161, 166,
167, 169 r, 173, 174, 175, 178, 180, 181 Marburg, Johannes 74, 75 Meyer /
Hasel 29 Muffler Architekten 137 Nemec, Georg 141, 142 lu, 143, 144,145,
162, 163 Probst, Rainer 122 Sacker, Detlev 172 Schwarz, Ulrich 164, 165 Spiegelhalter, Thomas 182, 183 Trefzer, Hanspeter Wilhelm 56, 57 o Wormbs, Valentin
128 n, 129o

Anmerkung: r = rechts, l = links, m = mitte, o = oben, u = unten

Verzeichnis der Bauwerke

Impressum

Bibliografische Information
Der Deutschen Bibliothek: Die Deutsche
Bibliothek verzeichnet diese Publikation in der
Deutschen Nationalbibliografie; detaillierte
bibliografische Daten sind im Internet über
http://dnb.ddb.de abrufbar

Redaktion: Markus Löffelhardt

Grafische Gestaltung:
Markus Löffelhardt
Werner Nübling

Lektorat:
Simone Piribauer-Giersch

Gesamtherstellung:
modo Verlag GmbH Freiburg im Breisgau
www.modoverlag.de

2. Auflage
© 2006 für diese Ausgabe modo Verlag GmbH
© Abbildungen bei den Fotografen
© Kartengrundlage: Amtlicher Stadtplan, Ausgabe
   2006, Stadt Freiburg i.Br., Vermessungsamt

ISBN 3-937014-34-9
ISBN 978-3-937014-34-0
Printed in Germany

Notizen

Notizen

Notizen

Notizen